오늘의 삶에 살아 숨 쉬는 고전
성인의 필수 지침서

오늘의 삶에 살아 숨 쉬는 고전

성·인·의·필·수·지·침·서

최금옥 역해

『노자(老子)』

노자의 원문을 정독하고 나서의 느낌은 한마디로 성인(聖人)을 위한 지침서 같다는 것이다. 우리에게 성인은 탁월한 지혜가 있고 인격이 높은 사람으로 생각된다. 그러나 생각을 달리하면 천지에 큰 존재인 사람을 낳은 성인(成人) 역시 존귀하다. 그런 의미에서 성인(聖人)은 사람들이 존경하는 사람을 가리킬 수도 있지만 사람을 제외한 만물을 다스리는 성인(成人)으로 생각해 볼 수도 있다.

노자의 내용을 간추려 보면 먼저 우주 생성론적 관점에서 물질에 가까운 도를 언급하고 있다. 있는 듯 없는 듯한 황홀한 도가 하나를 낳고 하나에서 둘이 생겨나고 둘에서 셋이 생겨나고 셋에서 만물이 형성되었다고 보았다. 이렇게 확장된 만물은 다시 수렴하면 도로 복귀하게 되는데 이때 노자는 소박함을 강조하는 차원에서 알 듯 모를 듯한 황홀한 도로 돌아간다는 말을 쓰지 않고 순박한 통나무 상태로 돌아간다고 하였다. 무위자연과 소박함을 강조하는 노자에게 이 통나무 상태로 돌아간다는 말은 지극히 자연스럽고 욕심 없는 상태로 돌아간다는 의미이다. 둘째, 노자는 도의 변화의 원리를 강조한다. 만물은 쇠하였다가 성해지고 성해지면 다시 쇠하여지는 변증법적 순환을 계속하는데 이것만이 추측 가능한 확실한 원리의 도라고 보았다.

이것은 경험에서 나온 귀납적 사유논리로서 변화한다는 것이 바로 도의 법칙이고 그것을 알아서 변화하는 자연의 도에 따라 순응하는 것이 장생하고 만족할 수 있는 길이라고 보았다. 셋째, 노자는 도의 작용을 약한 것에서 찾았다. 강하게 부딪치거나 다투지 않고 아래로 흘러 큰 바다를 이루는 물이 낮추고 낮추어 바닥에 처하면서 오히려 큰 존재를 이루어 만물을 생육하는 힘을 가진다고 보았다. 즉, 도의 작용은 여성성을 띤 유약한 것이지만 그 힘은 오히려 강한 것을 이긴다고 보았으므로 종국적으로는 약한 성질을 강조한 것은 아니다. 이러한 도는 아무런 작위를 행하지 않으면서도 만물을 고르게 길러주고 잘 돌보아주는 자연과 같아서 도는 자연을 본받고, 하늘은 도를 본받고, 땅은 하늘을 본받고, 사람은 땅을 본받는다고 하였다. 결론적으로 최상의 법은 자연인 셈이고 아무것도 하지 않는 듯하면서도 공평하게 만물을 누르거나 자라나게 해주는 자연처럼 성인은 만물을 무위자연으로 다스리고 공이 있어도 자처하지 않고 변화의 도를 체득하여 그에 순응하며 적은 것에서 족함을 알아야 한다고 하였다.

이러한 자연 그 자체와 같은 성인의 경지를 정치에 적용할 때, 위정자는 백성들을 무위자연의 치술로 다스리고 인위적으로 교묘한 정치를 꾸미지 말아야 하며 백성들이 지혜를 추구하지 않게 하여 소박하게 배부르고 편안하기만 하면 된다고 하였으므로 어찌 보면 백성들을 어리석음 속에 가두는 우민정치라고 할 수 있는 정치론을 폈다. 그러나 노자의 '알음알이가 없는 경지'를 이해하려면 먼저 지혜를 터득하는 과정이 필요하다. 노자 자신도 스스로를 아웃사이더로 인지하였듯이 사회 속의 다수의 가치관을 파악한 후에 상대적으로 깨달을 수 있는 경지라고 할 수 있다. 성인은 처음부터 '인의예지'를 부정하는 것이 아니라 그것을 정미하게 깨우친 후에 소박한 통나무 상태로, 즉 지혜 이전의 상태로 돌아가야 할 것이다.

한편 『노자』를 병법서로 보는 견해도 있다. 그래서 『노자』에는 무위자연만 말한 것이 아니라 처세술에 있어서 싸우지 않고 승리하는 것을 최상의 승리로 본 『손자병법』처럼 다투지 않는 다툼을 최상으로 보고 욕심을 내지 않음으로써 만족을 얻고 남의 뒤에 섬으로써 변화의 도에 따라 앞에 서게 된다는 전략을 강조하였다. 또한 강하고 굳센 것은 죽음으로 보고 유약한 것을 삶으로 보아 유약하게 처세함으로써 장성해지지 말고 그로 하여 현실 속에서 오래 목숨을 보전할 것을 추구하였다.

노자의 사상은 불교의 공사상과도 비교해 볼 수 있지만 현실세계의 환상성, 즉 '색즉시공'을 강조한 것이 아니라 현실을 긍정하면서 그 속에서 최대한 소극적으로 소박하게 인위적 욕심을 버리고 자연의 도에 합치되게 살 것을 강조하였다. 그러한 극진한 소박함은 '통나무' 상태로의 환원이므로 어찌 보면 플라톤의 'appearance'들을 'idea'로 회귀시킨 것과 비슷하다. 실제로 복잡다단한 현대사회에서도 생각을 정미하게 하면 큰 소음을 내며 달리는 차들을 원시의 큰 동물로 환원시켜 볼 수 있고 집안의 천장과 바닥을 하늘과 땅으로 주변의 기물들을 통나무를 다듬어 만들어낸 만유로 환원시켜 볼 수 있다. 그러한 정미한 생각을 통해 현대사회 속에서도 노자가 설파한 도의 의미를 깨닫고 무위자연의 태도로 소박하게 삶으로써 불만을 최소화하고 장생을 추구해 볼 수 있다.

　이 책에서는 『노자』 원문에 대한 충실한 번역을 위주로 하였고 그에 대한 해제를 통해 더 깊이 그 뜻을 이해하는 데 도움을 주고자 하였다. 『노자』의 원문은 간결하면서도 한문의 기본형식을 잘 드러내고 있어 한문공부에도 도움이 된다. 그래서 한자와 한문 학습을 겸할 수 있게 한자풀이 코너를 만들어보았다.

　끝으로 이 『노자』 번역의 원문은 대만 삼민서국의 『신역노자독본』을 저본으로 하였고 기타 주나 해석은 중국 및 우리나라 번역본을 참조하였음을 밝혀둔다.

본래 여자의 관점에서 ≪노자≫를 새롭게 해석해 보고 싶다는 생각을 하던 중 작년 여름 서울대 국제화센터 지원으로 고전원전강독 스터디를 할 수 있다는 메일을 받고 스터디를 하면서 번역을 하면 더 좋겠다는 생각이 들었다. 그러나 연구실이 있는 것도 아니어서 소셜 미디어에 친구로 등록된 서울대 학생들에게 온라인상의 스터디 참여를 요청해 보았다. 왜냐하면 친구로 등록된 서울대 학생들이 교환학생이나 유학생으로 외국에 나간 경우가 많아서 동양고전읽기 스터디가 국제교류에 있어 좋은 교양자원이 되어 줄 듯해서였다. 참여율이 저조해서 결국 정식 스터디로 성립되지 못했지만 온라인상으로 번역을 진행한 것이라 혹시 학생들이 가끔 읽을지도 모른다는 것이 격려가 되어 정성 들여 완역을 했다. 그 후 책으로 엮기를 추진하면서 원문 번역 외에 해제와 한자풀이 등 현재의 구성이 갖추어지게 되었는데 처음 스터디로 시작했던 것이 큰 힘이 되어 주었기에 학생들에게 이 자리를 빌려 고마움을 표하고 싶다.

2012년 5월
최금옥

II. 도덕경·하(道德經·下)

I

도덕경·상(道德經·上)

第1章
항상의 도는 말로 표현해낼 수 없다

道可道, 非常道, 名可名, 非常名. 無名天地之始, 有名萬物
之母. 故常無, 欲以觀其妙; 常有, 欲以觀其徼. 此兩者, 同出
而異名. 同謂之玄. 玄之又玄, 衆妙之門.

제1장

말로 표현할 수 있는 도는 늘 그러한 불변의 도가 아니고 이름 붙일 수 있는 이름은 늘 그러한 불변의 이름이 아니다. 無는 하늘과 땅의 비롯됨을 이름하며 有는 만물의 어머니를 이름한다. 그러므로 항상의 無에서 도의 오묘함을 살피고 항상의 有에서 도의 순행을 살핀다. (무와 유) 이 두 가지는 한곳에서 나왔으나 이름이 다르다. 그것을 모두 현묘하다고 할 수 있다. 현묘하고 또 현묘하여 온갖 오묘함의 문이 된다.

해제

먼저 상도(항상의 도: 진정한 도)와 상명(항상의 명: 진정한 이름)은 말로 표현하거나 이름 붙일 수 없음을 말하였다. 그것은 말이나 언어를 넘어선 존재로서 구체적으로 늘 그러한 것이 아니다. 늘 구체적으로 어떠하지 않다는 점에서 불교에서 "무릇 있는 바 모든 현상은 이것이 다 허망하니 만약 모든 현상이 眞實象(진실상)이 아닌 줄을 보면 곧 如來(여래)를 보느니라"(『금강반야바라밀경』)라고 현상을 넘어서 여래를 진실한 것으로 보는 것과 비교해볼 수 있고 또 플라톤이 경험적 물질의 세계를 껍데기로 보고 이데아(Idea)를 실재하는 존재로 본 것과도 비교해볼 수 있다. 그들과 차이점은 노자는 도를 말로 표현할 수 없는 영원히 실재하는 존재로 보았지만 거기에서 흘러나온 無(무)와 有(유)도 허상이 아닌 실상으로 파악한 점이다. 무와 유에 대해서는 각기 천지의 비롯됨과 만물의 어미를 일컫는 것으로 보았는데 한편 '비어 있음'을 뜻하는 무는 유와 함께 더불어 존재하는 것이다. 항상 존재하는 무와 항상 존재하는 유는 한곳에서 나왔으나 이름이 다른 것으로 모두 현묘하다고 할 수 있고 지극히 현묘하고 현묘하여지면 온갖 오묘함의 문인 도이다. 이렇게 도의 현묘함을 말하였는데 현묘하다는 말의 뜻은 '이론이 심오하여 깨치기 어려운 학문'이라는 뜻의 '玄學(현학)'에서의 '玄(현)'과 같은 의미이다.

한자풀이

[徼(요)] 돌다, 순행하다
[玄(현)] 검다, 심오하다, 깊다

Review

'도'와 '명'의 항구한 실체는 말로 표현할 수 없는 것이라고 한 말은 언어를 사용하는 인간으로서는 그 항구적인 실체를 느낄 수는 있되 유한한 말을 가지고 구체적으로 표현해낼 수 없다는 것이다. 불교의 '이심전심'과 같이 언어를 넘어서야 느낄 수 있는 것이다. 『열자』에 "사물의 명칭으로는 사물의 실제를 얻을 수 없다. 흰 말은 말이 아니고 외로운 송아지는 일찍이 어미 소가 있었던 적이 없다"[1]라는 이야기가 나오는데 다 명칭이 실제와 분리되기에 나온 말이다.

그다음 구절을 송대 왕안석은 "無名, 天地之始, 有名, 萬物之母(이름이 없는 것이 천지의 시작이고 이름이 있는 것이 만물의 어머니이다)"라고 끊어 해석하였는데 이는 '名'을 말로 표현할 수 없는 것과 말로 표현할 수 있는 것으로 나누어 본 것이다. 즉 천지의 시작은 말로 표현할 수 없고 만물의 어미가 생기면서 이름이 있게 된 것이라고 본 것이다. 여기에서는 왕필의 『노자주』처럼 "無, 名天地之始, 有, 名萬物之母(無는 천지의 비롯됨을 이름하고 有는 만물의 어미를 이름한다)"라고 끊어 읽었는데 그 뜻은 천지가 생겨나는 것, 천지가 비롯되는 것을 '無'로 본 것으로 무에서 천지가 생겨났다는 기본 뜻은 같다. 우리는 태어나면서 천지가 있음을 알게 되지만 그것이 어디에서 비롯되었는지 알 수가 없다. 또 최초의 존재로 어머니를 알게 되는데 '有'를 만물의 어미라 한 것은 『구약성서』「창세기」에서 "아담이 그 아내를 하와라 이름하였으니 그는 모든 산 자의 어미가 됨이더라"라고 한 말을 떠올리게 한다. 여기에서는 '모든 산

---

1) 원래 공손룡학파의 유명한 명제로 백마의 '희다'는 것은 색깔을 말한 것이고 '말'은 형체를 말한 것으로 색깔과 형체는 각각 상관이 없기에 백마는 백마이지 말이 아니라는 것이다. 또한 백마는 말이라는 전체 가운데 일부에 속하기 때문에 말과 동일할 수 없다. 외로운 송아지가 일찍이 어미 소가 없었다는 것은 어미 소가 있다면 그것은 외로운 송아지가 아니기 때문이다.

자'가 아니라 '만물'이라 하였으니 그것이 인물이거나 동물이거나 식물이거나 사물이거나 존재하는 최초의 物을 만물의 어미, 有로 본 것이라고 생각해 볼 수 있다. 따라서 우리가 살고 아는 세계, 즉 천지만물의 세계는 無에서 비롯되었고 또 有가 번식해낸 만물로 충만한 세계인 것이다. 이것을 구체적이고 작은 규모에 비교하자면 결혼할 때 남자가 집을 마련하면 천지가 생기는 것이고 여자가 가재도구들을 들여놓으면 만물이 있는 것과 비슷하다. 천지가 비롯된 無에서 도의 오묘함을 알 수 있고 항상 그러한 有의 세계에서 도의 순행규칙을 살필 수가 있다. 서로 이름이 다른 無와 有는 다같이 지극히 현묘한 것이다. 한편 '故常無, 欲以觀其妙; 常有, 欲以觀其徼.'는 대만 삼민서국본을 따른 것이지만 '故常無欲, 以觀其妙; 常有欲, 以觀其徼.'라고 끊어 읽은 책도 있다. 그렇게 본다면 '그러므로 항상의 무욕함으로써 그 오묘함을 살피고 항상의 유욕함에서 그 변화를 살핀다'고 해석할 수도 있다.

第2章
성인은 상대적 세계에 간섭하지 않고 무위에 머문다

天下皆知美之爲美, 斯惡已. 皆知善之爲善, 斯不善已. 故
有無相生, 難易相成, 長短相形, 高下相傾, 音聲相和, 前後相
隨. 是以聖人處無爲之事, 行不言之敎. 萬物作焉而不辭, 生
而不有, 爲而不恃, 功成而不居, 夫唯不居, 是以不去.

제2장

천하 사람들이 다 아름다움이 아름답다는 걸 알면 (분쟁으로 치달
려) 이것은 추악일 따름이다. 천하 사람들이 다 선함이 선하다는 걸
알면 (거짓으로 선을 하게 되어) 이것은 선하지 않은 것이다. 그러므
로 유와 무는 상생하고 어려움과 쉬움은 서로 이루어지며 길고 짧음
은 서로 비교되고 높고 낮음은 서로 기울어지고 소리들은 서로 어우
러지고 앞과 뒤는 서로 이어진다. 이 때문에 성인은 無爲에 머물고
말하지 않는 가르침을 행한다. 만물이 일어나도 간섭하지 않고 (만물
이) 생장하여도 자기 것으로 삼지 않고 (만물을 자라게) 행하고도 자
랑하지 않으며 공이 이루어져도 그것을 차지하지 않는다. 차지하지
않으므로 이 때문에 (공을) 잃어버리지 않는다.

노자는 유와 무로써 상생하는 현실, 자연스럽게 상대적으로 형성되는 현상에 관심을 갖고 그 현실세계에서 행하기에 바람직한 무위자연의 도를 강조한다. 만약 인위적으로 미와 선을 상정하면 인위적으로 그것을 추구하게 되므로 미와 선이 되지 못한다는 것이다. 예를 들어 예쁜 컴퓨터 글씨체가 아름답다는 걸 알면 다 그것을 쓰므로 특별히 아름답지 않은 것이 됨과 같다. 그러므로 노자는 미와 선을 인위적 기준으로 정해 놓고 다 그것을 차지하려고 다투지 말고 상대적 자연스러움을 따르고 무위와 무언에 머물기를 권하였다. 성인은 자기 스스로에 대해서도 인위적 자각을 하지 않아 공을 이루어도 그것을 공으로 생각지 않으므로 그로 하여 성인의 공은 영원히 존재한다는 것이다.

한자풀이

[斯(사)] 이, 이것(지시 대명사)

[已(이)] 이미, 뿐, 따름으로 문장 끝에서 '~일 따름이다'라는 종결사로 쓰일 수 있음

[難易(난이)] 어려움과 쉬움

[傾(경)] 기울다

[隨(수)] 따르다

[處(처)] 처하다

[焉(언)] 어조사, 於此(여기에서)의 합음자(合音字)이기도 함

[辭(사)] 사퇴하다, 사양하다, 타이르다

[恃(시)] 믿다, 의지하다

[居(거)] 살다, 거주하다, 차지하다

18세기 영국의 낭만주의 시인 키이츠는 그리스 항아리 미를 읊은 시[2]에서 "Beauty is truth, truth beauty"라고 읊었지만 노자는 모두가 인정하는 절대적인 미나 선을 상정하지 않았다. 노자와 장자는 소박함, 졸박함을 강조하였고 장자의 경우 심지어 추한 용모를 적극 추켜세웠다. 『장자』의 「인간세」편에는 지리소라는 사람 이야기가 나오는데 "그는 고개가 배꼽 아래에 있고 두 어깨는 머리 위로 솟아 있고 상투는 하늘로 뻗쳤고 오장의 맥이 등에 드러나고 두 넓적다리가 갈빗대를 이루고 있지만 재봉 일을 하여 벌어먹고 또 사람들에게 점을 쳐주어 열 식구를 벌어 먹인다. 그는 기괴한 형상으로 하여 나라의 징병에 불리어 가지도 않고 오히려 정부에서 병자를 구제할 때 식량과 땔감을 받았다. 이런 사람도 자기를 잘 기르고 천수를 누린다"라 하였다. 즉, 장자는 외모가 추해도 양생을 잘하고 있는 사람을 좋게 본 것이다. 추한 외모의 사람 이야기는 이 밖에도 『장자』에 많이 나온다. 서양의 고전주의 예술의식이 인정하는 유일하게 부정적인 미적 가치가 '醜'의 미적 가치인데 그것을 긍정한 점에서 노장사상엔 아방가르드적 일면이 있다고 할 수 있다. 노장사상에 따르면 '賢愚美醜'뿐 아니라 '善惡是非' 역시 상대적인 것이다.

이에 비해 유가의 맹자는 성선설을 주장하여 모든 사람의 마음에는 본래 선한 마음이 깃들어 있다고 보았고 그 예로써 우물에 빠지려는 아이를 보고도 불쌍히 여겨 구하려고 들지 않을 사람은 없다고 하였다. 반면 순자는 성악설을 주장하여 인간의 타고난 악한 마음을

---

2) 「Ode on a Grecian Urn」

교육으로 다스려야 한다고 보았다. 이 두사람의 생각에 사람 마음은 절대적으로 선하거나 또는 절대적으로 악한 것이다. 노자는 상대적으로 선한 사람도 있고 덜 선한 사람도 있다고 본 셈이다. 이런 상황에서 어떤 미와 어떤 선이 인위적으로 절대적인 것으로 상정되면 모든 사람들이 인위적으로 앞 다투어 그것을 추구하게 되어 결국은 자연스러운 상대적 가치를 상실한다. 따라서 노자는 인위적인 절대적 미와 선을 부정하고 자연스러운 상대적 가치를 중시하였다. 이것은 간단하게 말하자면 주관에 따라 사는 가치관을 권장하는 것이다.

위정자인 성인은 그러한 자연상태를 인위적으로 제약하지 않고 무위자연의 태도로 놓아둠으로써 절로 조화를 이루게 해야 한다고 보았다. 노자가 말하는 자연스러운 상태는 대체로 소박한 상태이다. 이것을 '拙樸함(졸렬하고 소박함)'이라고도 한다. 중국의 예술가나 문학가 중 노장사상의 영향을 받은 사람들은 화려함을 추구하지 않았다. 당시와 송시를 비교해볼 때 당시가 풍성하고 화려하여 비단과 같다면 송시는 담담하고 굳센 것이 베옷과 같은데 이는 노장사상의 영향을 받은 일면이다. 그러나 정치적으로 볼 때 당나라 때엔 노장사상에서 유래한 도교를 중시한 무렵에 국세가 번성하였고 안사의 난 이후 한유가 나와 유교를 극구 추숭한 이래 송대의 신유학에 이어지기까지 유교가 번성하면서 오히려 국세가 약해진 감이 있다. 유가사상은 발전할수록 제약이 강해지지만 노장사상은 백성에게 인위적인 제약을 덜 가하는 정치사상이기 때문으로 보인다.

第3章
성인은 무위로써 천하를 다스린다

> 不尚賢, 使民不爭. 不貴難得之貨, 使民不爲盜. 不見可欲,
> 使民心不亂. 是以聖人之治, 虛其心, 實其腹, 弱其志, 強其
> 骨. 常使民無知無欲, 使夫智者不敢爲也. 爲無爲, 則無不治.

제3장

현명한 자를 숭상하지 않아야 백성들이 다투지 않게 된다. 얻기 어려운 보화를 귀히 여기지 않아야 백성들이 도적질하지 않게 된다. 욕심낼 만한 것을 보이지 않아야 백성들의 마음을 산란하게 하지 않는다. 이 때문에 성인이 천하를 다스림은 백성들의 마음을 비우고 그 배를 채워주며 백성들의 의지를 약하게 하고 그 골격을 강하게 한다. 항상 백성들이 알음알이가 없고 욕망이 없게 하여 저 총명한 자들이 감히 주장하지 않게 한다. 무위를 행하면 다스려지지 않는 게 없다.

해제

이 장에서도 노자는 성인의 행위(구체적으로는 통치자의 행위)에 대해 말하였다. 성인은 백성을 다스림에 있어서는 오늘날의 통치자와 비슷하지만 자기의 공을 자기 것으로 삼지 않는 무위의 도를 따르는 점에서는 자아가 없는 하느님 같은 존재이다. 노자는 다툼과 욕심을 경계하였기에 성인은 백성을 다스림에 있어 경쟁심이 일어나지 않게 처신해야 한다고 보았다. 노자는 백성들의 욕심을 없애는 전제로 성인에게 현명한 자를 숭상하지 말고 귀한 보화를 귀히 여기지 말고 욕심을 드러내지 말라고 하였다. 이것은 정신적 물질적 풍요를 부정하는 소극지향주의적 말이지만 한편 지나침으로 치닫지 않는 평화로운 삶을 추구하는 가치관이라고 할 수 있다.

한자풀이

[尚(상)] 숭상하다

[賢(현)] 어질다, 현명하다

[使(사)] 하여금

[爭(쟁)] 다투다

[貨(화)] 재화, 보화

[盜(도)] 도둑, 도적질하다

[見(현)] 드러내다, 나타내다

[亂(란)] 어지럽다

[虛(허)] 비우다

[實(실)] 열매, 채우다

[腹(복)] 배

[弱(약)] 약하다, 약하게 하다

[強(강)] 강하다, 강하게 하다

[夫(부)] 저(지시 형용사)

[智者(지자)] 지혜로운 자

Review

여기서는 위정자의 태도를 말하였는데 앞 장에서 성인은 말하지 않는 가르침을 행한다는 논지와 같이 무위를 강조했다. 왜냐하면 다스리는 자가 어떻게 하느냐에 따라 백성들이 크게 달라지기 때문이다. 고대엔 왕이 어떤 것을 귀하게 여기느냐에 따라 나라 사람들의 태도가 확 달라지는 것을 볼 수 있다. 『전국책 제책』의 「추기풍제왕납간(鄒忌諷齊王納諫)」이란 글에서는 제나라 왕이 간언하는 것을 귀히 여겨 자기 면전에서 간언하는 자에겐 상등상을, 서면으로 간언하는 자에겐 중등상을, 공공장소에서 비판하여 귀에 들려오게 하는 자에게는 하등상을 준다고 하자 모든 신하들이 몰려와 간언하였고 1년이 지나서는 간언하려 해도 간언할 게 없었다 한다. 이 밖에도 춘추시대 진나라 조간자가 정월 초하룻날 그에게 진상한 비둘기를 크게 기뻐하며 그것을 방생하여 자기가 덕이 있다는 걸 사람들에게 보여주려 한다 하니, 한 신하가 군주가 백성들에게 그런 모습을 보이면 백성들이 앞 다투어 비둘기를 잡게 되어 비둘기가 더 많이 죽게 된다며 비둘기를 살려주려면 백성들에게 비둘기 잡는 것을 금지시키는 게 낫다고 간언하였다 한다. 이런 이야기는 모두 군주가 귀히 여기는 것이 있으면 백성들이 다투게 마련이니 노자의 관점은 정치를 하는 위정자는 자연의 도를 따르는 성인처럼 무위의 태도로 백성을 다스리고 욕심을 촉발할 것을 드러내지 말아야 한다는 것이다.

위정자가 백성들에게 알음알이가 없게 하고 배부른 것에 만족하게 하라고 말하고 있는 것은 백성들이 복잡한 지식을 추구하지 않고 이른바 '배부르고 등 따신' 정서적 만족에 머물도록 권유하는 것이어서 현대 지식기반 사회와 맞지 않는 듯하다. 한편 자유민주주의 정치체제라 해도 인간세상을 다스리는 보이지 않는 신의 힘이 있을 수 있는데 신을 성인에 비유시킨다면 노자는 결국 신이 인간을 총명하지 않게 욕망이 적게 다스려야 한다고 본 셈이다.

第4章
텅 비어 있는 도가 만물을 생육해내는 근원이다

道冲, 而用之或不盈, 淵兮似萬物之宗. 挫其銳, 解其紛, 和其光, 同其塵, 湛兮似或存. 吾不知誰之子, 象帝之先.

제4장

도는 텅 빈 그릇 같이 비어 있으나 그것을 사용함은 무궁무진할 수 있다. 못처럼 넓고 깊어 만물을 생육해내는 근원이다. 날카로움을 꺾고 얽힘을 풀고 빛을 부드럽게 하고 티끌세상과 함께한다. 깊숙이 가라앉아 있으나 (만물을 창조해내므로) 혹 존재하는 듯하다. 나는 그것이 무엇에서 나온 것인지는 모르나 마치 天帝보다 앞선 듯하다.

해제

유약함의 강함을 강조하는 노자의 사상에는 생물학적으로 볼 때 여성성을 강조하는 표현이 자주 보이는데 여기에서 도를 텅 빈 그릇 같은 것으로 만물을 생육해낸다고 한 것도 여성의 신체적 생산성을 떠올리게 한다. 부드러움을 특징으로 하는 여성의 성정 역시 들쭉날

쭉하고 얽힌 세상을 조화롭게 하는 힘에 비유할 수 있다. 노자는 그러한 여성적 특징을 갖는 오묘한 도가 시초부터 존재하는 것으로 유위의 통치를 하는 천제보다 앞선 것으로 보았다. 이것은 사람과 형상이 같은 하느님이 천지만물과 사람을 창조해내었다고 믿는 기독교의 세계관과 다른 무신론이다. 불교의 공(空)사상에 비교해볼 수 있으나 노자는 현실을 환상이라고 보지는 않는다. 만일 한 사람이 자기 몸을 기준으로 이 생산력이 왕성한 도를 추론해본다면 자기 자신을 천제로 생각하더라도 자기 몸이 있기 이전에 생명을 창조하는 도가 있었다고 추정해볼 수 있다.

한자풀이

[沖(충)] 화하다, 비다, 공허하다, 심원하다

[盈(영)] 가득 차다

[淵(연)] 못, 연못

[兮(혜)] 어조사

[似(사)] 닮다, 비슷하다

[宗(종)] 마루, 일의 근원, 으뜸, 선조 중의 덕망 있는 조상

[挫(좌)] 꺾다, 손상시키다

[銳(예)] 날카로움, 예봉

[解(해)] 풀다

[紛(분)] 어지러움, 분란

[和(화)] 부드러움, 화하게 하다

[塵(진)] 티끌, 먼지

[湛(침)] 잠기다, 가라앉다

[或(혹)] 혹, 혹시

[誰(수)] 누구

[象(상)] 코끼리, 같다, 비슷하다

[帝(제)] 상제, 천제

Review

도를 텅 빈 그릇, 연못과 같은 것으로 끊임없이 만물을 생육해낸다고 한 것은 육지보다는 바다, 땅보다 하늘을 생각하게 한다. 현대과학에서 우주의 한곳에서 끊임없이 별을 생산해내고 있음을 발견한 것에도 비교해볼 수 있다. 또는 유와 공존하는 무가 유를 끊임없이 생산해내고 있다고 생각해 볼 수도 있다. 또한 현대기계문명 산업사회에서 끊임없이 많은 제품들을 쏟아내고 있는 것에도 비교해볼 수 있다. 도가 티끌세상과 함께한다는 생각은 유와 무로 상생하는 세속 세상에 도가 '함께 있다(현대 중국어: 在一起)'고 보는 것이다.

第5章
말이 많으면 수가 궁해진다

天地不仁, 以萬物爲芻狗. 聖人不仁, 以百姓爲芻狗. 天地之
間, 其猶橐籥乎! 虛而不屈, 動而愈出. 多言數窮, 不如守中.

제5장

천지는 인하지 못하여 만물을 (제사 때 쓰고 버리는) 풀로 만든 강
아지처럼 여긴다. 성인은 인하지 못하여 백성들을 풀로 만든 강아지
처럼 여긴다. 천지간은 마치 (불을 피울 때 바람을 일으키는) 풀무와
열쇠 같도다! 텅 비어 있으면서도 무궁무진하고 움직이면 더욱 번식
하여 나온다. 말이 많으면 수가 궁해지니 (맑고 텅 빈) 속을 지킴만
못하다.

해제

이 장은 처세술이다. 천지와 성인의 큰 힘은 만물과 사람을 허깨
비 같은 존재로 여기고 천지간은 풀무나 열쇠와 같아 채워놓으면 텅
비어 있으면서도 움츠러들지 않고 풀무질을 하여 움직이면 움직일수

록 더욱 번식해낸다. 여기에서 자작자수(自作自受)라는 말을 생각해 볼 수 있다. 고요히 맑음을 지키는 게 낫고 자꾸 움직여 번식해내면 수가 궁해진다는 논리이다. 노자는 번화한 현실세계보다 조촐하고 소박한 현실세계를 추구한다. 텅 비어 있는 속이 무궁무진하다는 것은 역시 불교의 공(空)사상과 비교해볼 수 있고 텅 빈 속을 지키는 게 낫다는 말은 현실세계 속에서 움직임을 줄이고 선정(禪定)을 닦는 게 낫다는 뜻과 비슷하다.

한자풀이

[芻狗(추구)] 짚으로 만든 개, 풀 강아지, 쓸데없이 되어버린 물건
　　　　　의 비유
[猶(유)] 같다
[橐籥(탁약)] 탁은 풀무(바람을 일으키는 제구), 약은 열쇠, 채우다
[屈(굴)] 굽다, 오그라들다, 쇠퇴하다
[數(수)] 셈, 이치, 꾀, 운명, 수단
[窮(궁)] 궁하다
[守(수)] 지키다

Review

노자는 춘추시대 말기에 태어난 공자보다 좀 앞선 사람이다. 이때는 주나라 시기로 유교가 발달한 때였고 따라서 제사도 융숭하게 지냈다. 유교에 따르면 천자의 제사, 제후의 제사, 대부의 제사, 사서인의 제사에 쓰이는 제수품의 등급이 엄격하게 규정된다. 주나라 이전

은나라 때의 기록도 갑골문을 번역한 것을 통해 보면 제사에 짐승이나 심지어 포로로 잡은 이민족을 많이 공물로 바쳤다. 그런데 여기에서는 '제사 때 쓰는 풀 강아지'란 말이 나오니 중국의 고대의 제사에 혹시 소박한 제사를 지냈을 가능성도 있다. 기록에 전설상의 요임금, 순임금은 산에서 막 캐온 서까래로 만든 집을 궁전으로 삼았다고 말하고 있기 때문이다. 살아 있는 짐승을 제사에 희생으로 쓰고 버림에는 절차가 있게 마련이건만 제사에 쓴 풀 강아지 버리듯 한다는 것은 성인의 백성에 대한 태도가 무심 그 자체임을 뜻한다. 인위적인 행위를 절대 하지 말 것을 강조한 것이다. 인위적인 말을 많이 하면 할수록 그 뒷수습을 하기가 어려워진다. 천지간이 마치 풀무와 열쇠 같고 움직일수록 더욱 번식해 나온다는 것은 가만히 있으면 단순할 수도 있는 환경이 움직여 다닐수록 새로운 일이 자꾸 일어나는 것과 같다. 물론 정신적인 움직임도 이에 포함될 것이다.

도는 영원히 만물을 낳는 고요한 암컷

谷神不死, 是謂玄牝. 玄牝之門, 是謂天地根. 綿綿若存, 用之不勤.

제6장

도의 깊은 골짜기의 신은 죽지 않는다. 영원히 만물을 낳는 고요한 암컷이다. 고요한 암컷의 문이 천지의 뿌리이다. 면면히 끊이지 않고 존재하며 아무리 써도 부지런하지 않다.

해제

도의 신묘하고도 영원함을, 생산을 계속해내는 동물의 암컷에 비유하였다. 이 자성(雌性)을 띠는 도는 생로병사를 거쳐 죽는 존재가 아니라 플라톤의 이데아 같은 존재로 끊임없이 실질적 존재인 만물을 낳는 것이다.

[谷神(곡신)] 골짜기 신

[玄牝(현빈)] 현은 검다, 신묘하다, 고요하다. 빈은 암컷, 골짜기

[根(근)] 뿌리

[綿綿(면면)] 끊임없음

[勤(근)] 부지런하다

Review

영원히 생산을 계속해내는 도는 여성성을 나타낸다. 중국의 고대 기원신화에서 창조의 여신으로 여와(女媧)가 누런 흙을 가지고 사람을 만들었다는 이야기가 나온다. 여러 사람을 많이 만들기 위해 밧줄을 진흙 속에 넣었다가 들어내어 사람으로 만들었다고 한다. 여와는 사람 뿐 아니라 만물의 화생(化生)이나 화육(化育)에 관련되는 풍요의 신이다. 여기에서는 도를 영원히 생산을 해내는 곡신(골짜기 신)이란 표현을 썼는데 이는 노자사상의 독특한 개념이다. 영원히 생산을 계속해낸다는 생각은 주변의 현상을 보아도 알 수 있다. 세상은 끊임없이 움직이고 새로운 현상이 계속 생겨나고 있다.

第7章

하늘과 땅이 오래가는 것은 사심이 없기 때문이다

> 天長地久. 天地所以能長且久者, 以其不自生, 故能長生.
> 是以聖人後其身而身先, 外其身而身存. 非以其無私耶? 故能
> 成其私.

제7장

하늘과 땅은 길고 오래간다. 하늘과 땅이 오래가는 까닭은 그것이 스스로 생을 영위하지 않기 때문이다. 그러므로 능히 오래갈 수 있다. 이 때문에 성인은 (겸양하여) 자신의 몸을 뒤에 두어도 몸이 남의 앞에 오며 그 자신을 (셈의) 밖에 두어 남을 위하여도 안에 그 존재가 있게 된다. 그가 사심이 없기 때문이 아니겠는가? 그 결과 능히 그의 사사로움을 이룬다.

해제

이 장도 현실세계 속에서의 처세술을 말하였다. 천지가 오래갈 수 있는 것은 스스로 살려고 들지 않기 때문이다. 흘러가는 대로 자연에 내맡긴다. 성인도 이와 같이 처세를 하는 것이 좋다고 보았다. 사심을 가지고 남보다 앞서거나 자신을 계산에 넣지 않아도 저절로 앞에 서게 되고 이익을 얻게 되기 때문이다. 이는 자연스럽게 내버려둠으로써 자기의 뜻을 이룬다는 이야기이다. 노자는 인위적인 사심을 내어 경쟁에 휘말리기보다 욕심을 적게 하고 자연스러움에 내맡기는 것에서 만족을 얻을 수 있다고 보았다. 중국인들은 어떤 일을 해결하기 힘들 때 '자연스러운 흐름을 따르자(順其自然)'란 말을 잘하는데 바로 노자의 사상과 관련된다고 할 수 있다.

한자풀이

[久(구)] 오래다
[私(사)] 사사로움
[耶(야)] 어조사

Review

하늘과 땅이 오래가는 것은 스스로 영위하려는 사심이 없기 때문이니 성인도 그것을 본받아 사적인 계산을 하지 않으면 저절로 다제 몫이 돌아오게 된다는 것이다. 노자사상은 천연의 수명을 오래보존하는 것을 중시하므로 이렇게 사람의 수명보다 긴 하늘과 땅의 법칙을 본받으려고 하였다. 그것은 결국 느린 것을 본받는다는 개념이고 전통적인 중국인의 '만만디 정신'과 일맥상통한다. 그러나 불교에서의 '天上天下唯我獨尊(천상천하유아독존)'이란 개념과 내가 없으면 아무것도 없다는 사상을 가지고 생각해본다면 하늘과 땅이 자기 자신보다 오래가는 것이란 근거도 없을 수 있다. 참고로 '天長地久(천장지구)'는 중국영화의 제목으로도 쓰인 구절이다.

물은 만물을 이롭게 하면서 만물과 다투지 아니한다

> 上善若水, 水善利萬物而不爭, 處衆人之所惡, 故幾於道.
> 居善地, 心善淵, 與善仁, 言善信, 正善治, 事善能, 動善時.
> 夫唯不爭, 故無尤.

제8장

최상의 선(잘함)은 물과 같다. 물의 선함은 만물을 이롭게 하면서도 만물과 다투지 아니한다. 뭇 사람들이 싫어하는 (낮은) 곳에 처하므로 도에 가깝다. (상선의 덕이 있는 사람은 물처럼) 몸을 바닥 가까이로 낮추기를 잘하고 마음을 못과 같이 깊게 하기를 잘하고 덕을 베풀고도 보답을 바라지 않기를 잘하며 말을 함에 믿음직한 말을 잘하며 바르게 하여 잘 다스리고 일은 능숙하게 잘하고 움직임은 때에 맞게 잘한다. 대저 오직 다투지 않으니 그러므로 허물이 없다.

해제

여기서는 자연에 내맡기는 것 중에서도 물의 덕을 본받을 것을 강조하였다. 이 번역에서는 '선'의 뜻을 '잘한다'는 뜻에 중점을 두었다. 사람들이 싫어하는 낮은 곳에 처하기를 잘하는 물이 도에 가까운 최상의 선이라고 보았다. 가장 깊고 낮은 물로 바다를 떠올리면 이해가 쉽다. 바다는 낮은 곳에 있으면서 만물을 길러준다. 『구약성서』「잠언」에서는 여호와 하느님이 "바다의 한계를 정하여 물로 명령을 거스르지 못하게 하셨다"고 하였는데 이는 하느님의 창조로 바다가 생기고 그 명령대로 바다는 자기 자리를 지키고 있다는 이야기이다. 노자는 유일신을 말하지 않았고 자연의 섭리라는 개념으로 바다의 도를 이야기하였다. 물은 만물과 다투지 않고 자연스럽게 낮은 곳으로 흘러 깊은 바다를 이루고 또 만물을 이롭게 하며 바르고 절도 있게 움직인다. 땅도 산사태나 지진 등 자연재해가 있고 바다에서도 해일이 일어나곤 하지만 대체적으로는 절도를 지킨다. 이러한 도를 자연의 섭리 중 높게 솟는 땅의 섭리가 아니라 낮게 잠기는 물의 섭리에 즐겨 비유한 것이 노자사상의 특징이다.

한자풀이

[上善(상선)] 최상의 선, 선 중에 높은 선
[利(리)] 이롭다, 이롭게 하다
[衆人(중인)] 무리 중, 사람 인, 여러 사람
[所惡(소오)] 싫어하는 바, 싫어하는 곳. 所는 바 소, 惡는 싫어할 오, 미워할 오
[幾(기)] 거의, 몇
[善(선)] 잘하다, 훌륭하다, 착하다

노자는 도의 유약한 성질, 작용을 중시하였다. 그것은 물이나 무의 특성에서 잘 드러난다. '上善若水(상선약수)'는 유명한 구절로 중국 송대 수도 카이펑의 개봉부에도 上善門(상선문)이라 이름 붙인 문이 있고 현대 중국의 경우 광시성 장족자치구의 수도 난닝에서 동남아 시아연맹회의가 열린 바 있는데 그 회의를 기념한 전시센터에 있는 연맹의 의지를 담은 초석에 '上善若水' 구절이 인용되어 있다.

유가에서도 물의 덕을 높이 보아 공자는 "물이란 군자가 그에 덕을 비유하는 것이다(夫水者 君子比德焉, 『大戴禮記』「勸學」)"라고 하였는데 사사로움 없는 공평함이 덕스럽고 생물을 살리므로 인하고 낮은 곳으로 흘러가는 이치가 의롭고 얕은 것은 흘러가고 깊은 것은 측량할 수 없음이 지혜롭다는 말을 하였다. 맹자도 흐르는 물이 주야로 끊임없이 흘러 근원을 이루는 것을 군자의 덕행이 높고 학문이 깊음에 비유하였다(『孟子』「离婁下」). 이 장 후반부의 '믿음', '올바름', '능숙함', '절도 있음' 등의 개념은 자연의 법칙이지만 역시 유가사상과 통한다.

第9章
채우려 드는 것은 그만둠만 같지 못하다

持而盈之, 不如其已. 揣而銳之, 不可長保. 金玉滿堂, 莫之
能守, 富貴而驕, 自遺其咎. 功成身退, 天之道.

제9장

가지고서 채우려 드는 것은 그만둠만 같지 못하다. 두드려서 날카
롭게 하면 길이 보존할 수가 없다. 금과 옥이 집안에 가득해도 그것
을 능히 지킬 수 없고 부귀하면서도 교만하면 스스로 허물을 낳는다.
공이 이루어지면 몸은 물러나는 것이 자연의 도이다.

해제

여기서는 인위적인 욕심을 경계하였다. 욕심을 가지고 그 욕심을
채우려면 고통만 따른다. 예를 들면 왜 남들의 자동차는 다 대통령
급 자동차인데 나는 소형차를 몰고 다녀야 하나? 이런 생각을 날카
롭게 발전시키면 자기 마음만 고달프다. 내 차는 나만의 고유한 차
라는 생각을 가지고 더 큰 욕심을 내지 않으면 마음이 편안하다. 어

떤 고정된 가치관을 변화의 도에 순응시키지 않고 계속 날카롭게 발전시키면 마음의 파탄에 이르게 된다. 재물을 모아놓아도 절대적으로 영원히 지킬 수가 없고 부귀하여도 절대적으로 영원할 수 없으므로 교만에 빠지면 위험하다. 세상에서 이루어지는 모든 공은 절대적으로 영원할 수 없고 자연의 수명이 다하면 몸은 물러나게 된다는 것이다.

한자풀이

[持(지)] 가지다, 지키다, 쌓다

[盈(영)] 채우다, 가득하다

[如(여)] 같다

[揣(추)] 헤아릴 췌, 때릴 추

[銳(예)] 날카롭다

[保(보)] 보전하다

[莫(막)] 아닐 막(부정사)

[驕(교)] 교만하다

[遺(유)] 남기다, 끼치다

[咎(구)] 허물

[退(퇴)] 물러나다

Review

모든 종교에서 그렇듯이 노자도 지상에서 많이 소유하는 것을 경계하였다. 중국 송대 시인 진사도의 시에서도 '화려한 누각에서 노닐

던 사람 차가운 땅속에 누웠네'라 읊었는데 현실세상에서 화려하게 살아도 결국에는 그걸 지키지 못하고 죽게 된다. 노자는 이런 결과에 주목하여 살면서 적게 소유하기를 주장한다. 어찌 보면 세상에서 인생을 활짝 꽃피우지 말고 죽는 게 낫다는 이야기처럼 들린다. 그러나 부귀 자체를 부정하기보다 부귀하면서 교만한 것을 경계한 것으로 보아 유가사상과 크게 다르지 않다. 공자도 부귀하면서 교만하지 않는 것을 '가하다'고 보았는데 가난하면서도 즐거워하는 것과 부귀하면서도 예를 좋아하는 사람보다는 못하다고 보았다. 맹자도 성인은 마음이 한결같아 궁핍하다고 원망하지 않고 부귀하다고 교만하지 않는다고 하였다. 소소한 것에 대한 만족감을 잘 되살려 본다면 인생은 기쁨이 만발한 꽃밭같이 보일 수 있다.

능히 무위를 행하는 것이 현덕이다

載營魄抱一, 能無離乎? 專氣致柔, 能嬰兒乎? 滌除玄覽, 能無疵乎? 愛國治民, 能無爲乎? 天門開闔, 能無雌乎? 明白四達, 能無知乎? 生之畜之, 生而不有, 爲而不恃, 長而不宰, 是謂玄德.

제10장

혼백을 이고서 (하나인) 도를 껴안아 그것을 떠나지 않을 수 있는 가? 자연스런 기를 오로지 하여 부드러움을 이루어 갓난아이가 될 수 있는가? (만사를 살피는 커다란) 검은 거울을 씻어내고 닦아 흠이 없게 할 수 있는가? 나라를 사랑하고 백성을 다스림에 능히 무위를 행할 수 있는가? 천연의 감각기관인 눈, 코, 입, 귀 등을 여닫을 때 암컷처럼 (유약하고 고요하게) 할 수 있는가? 명백함이 사방에 통달 하여도 능히 무지할 수 있는가? 낳고 기르되 낳고도 소유하지 않고, 다스리고도 자부하지 않고, 키우고도 우두머리가 되지 않는 것, 이것 이 현덕이다.

노자는 하나를 잘 지키는 것을 강조하는데 그것은 장자의 관점에서 보면 '물아일체'가 된 전체와 같은 것일 수도 있다. 그러나 만유를 포함하는 전체가 개체적 분별없이 하나임을 강조한 것이 아니라 만유의 근원이 하나임을 강조한 것이다. 전체가 하나의 도에서 나온 것임을 알고 도를 떠나지 않을 때 어린아이 같고 흠이 없는 마음을 유지할 수 있다. 중국인은 사람이 죽으면 청한 기운인 혼은 하늘로, 탁한 기운인 백은 땅으로 돌아간다는 전통적 관념이 있는데 여기서 혼백이 하나인 도라고 한 것은 혼연일체의 상태로서의 도를 인식한 것이다. 그것은 지극히 자연스러운 기운으로만 되어 있다. 따라서 통치자가 나라를 다스림도 무위라는 자연스러운 하나의 도를 잘 지키면 된다. 이 장에서도 역시 여성성을 중시하여 유약하고 고요히 처세할 것을 강조하였고 명백히 통달하여도 스스로가 무지함을 알고 낳고 기르는 것에 자부심을 갖지 않을 것을 강조하였다. 그것은 겉으로 드러내지 않는 숨은 덕으로 이른바 현덕이다.

한자풀이

[載(재)] 싣다, 머리에 이다(왕필의 『노자주』에서는 載를 처(處)한
다는 뜻으로 보았음)

[營魄(영백)] 營은 경영하다, 짓다, 오락가락하다. 魄은 혼백, 경영
하는 혼백, 무슨 일을 짓는 혼백의 뜻. 왕필은 영백
을 사람이 늘 거처하는 곳이라고 보았음

[抱(포)] 껴안다

[離(리)] 떠나다

[專(전)] 오로지하다

[致(치)] 이르다, 도달하다, 이루다

[柔(유)] 부드럽다

[嬰(영)] 갓난아이

[滌除(척제)] 滌은 씻을 척, 除는 덜어낼 제

[玄覽(현람)] 사물의 진상을 꿰뚫어 안다는 뜻. 검을 현, 살필 람

[疵(자)] 흠

[開闔(개합)] 열고 닫음

[無雌(무자)] 이 글자는 『백서노자』 을본에 爲雌로 되어 있다. 雌
　　　　　는 암컷

[達(달)] 통달하다

[畜(휵)] 기르다

[恃(시)] 믿다, 자부하다

[宰(재)] 재상, 우두머리, 요리사, 주관하다

[玄德(현덕)] 속 깊이 간직하여 드러내지 않는 덕, 천지의 깊고 오
　　　　　묘한 도리

Review

하나인 도를 껴안는다, 갓난아이 상태를 유지한다, 만사를 살피는
거울로 흠이 없게 자신을 닦는다, 무위를 행한다…… 이런 것은 다
같은 이야기이다. 자기 자신을 잘 살펴 갓난아이 때부터 어떠했는가
를 반성하고 인간세상 속에서 인위적인 작위를 꾀하지 않으면 무심

무욕해질 수 있다. 노자는 이런 무욕의 경지를 지키며 낳고 기르고 키우는 게 좋다고 보았고 그것이 현덕이라고 하였다. 그러나 태어나면서부터 몸이 하나뿐이라고 보아 그 '하나'의 도를 지킨다면 몸의 수를 늘리는 낳고 기르는 것도 추구할 일이 아닐 수 있다. 노자는 무심 무욕을 강조했지만 낳고 기르는 것을 중시하였고 낳고 기르되 자기의 공으로 여기지 않는 것에서 무심 무욕을 찾았다.

유가 사람에게 편리를 주는 것은 무가 작용이 되어서이다

三十輻, 共一轂, 當其無, 有車之用. 埏埴以爲器, 當其無, 有器之用. 鑿戶牖以爲室, 當其無, 有室之用. 故有之以利, 無之以爲用.

제11장

서른 개의 바퀴살이 모여 하나의 바퀴통을 이루는데 바퀴통의 (중심이) 비어 있음에 수레의 작용이 있다. 진흙을 빚어 그릇을 만드는데 그 그릇의 비어 있음에 그릇으로서의 쓰임이 있다. 문과 창문을 뚫어 방을 만드는데 그 방의 비어 있음에 방의 쓰임이 있다. 그러므로 有가 사람에게 편리를 주는 것은 無가 작용이 되어서이다.

해제

노자는 한편 물질 생성론적으로는 이데아와 appearance의 관계처럼 무에서 유가 생겨났다고 말하기도 하지만 여기에서는 유와 무의 상호작용, 특히 무의 적극적 작용을 말하였다. 그렇게 볼 때 무는 실재하는 물질적 성격을 띤 무에 가깝다. 방의 비어 있음, 즉 무의 존재가 유인 사람에게 편리를 주는 것이므로 유인 사람은 사람을 제외한 비어 있는 방, 즉 무와 상보적 관계이다. 방이라는 유가 있고 그 안에 비어 있음, 즉 무가 있고 다시 유인 사람이 있는데 방이라는 유가 사람이라는 유에게 편리를 주는 것은 방의 비어 있음, 즉 무의 확실한 작용 때문인 것이다. 그런데 여기에서 예를 든 수레나 그릇이나 방은 사람이 만든 제품으로 자연물을 가공한 것이다. 자연적 존재인 나무나 흙이나 사람과는 차원이 다르다고 볼 수 있다. 사람은 자연을 가공한 방에서 사람이나 또는 자연을 가공한 다른 존재물들을 제외한 무의 작용을 통해 방에 거처하는 편리를 누릴 수 있다. 대체적으로 사람은 이러한 무를 자유자재로 누릴 수 있다. 그리고 자연을 가공한 가공품인 유도 자유자재로 누릴 수 있다. 때때로 가공품인 유가 순응하지 않을 때도 있고 신적 이변을 일으킬 수도 있고 무가 유에 어떤 작용을 가할 수도 있지만 대체로는 이것들을 제자리에 두고 그에 맞는 용도로 자유로이 누리므로 하늘이 크고 땅이 크고 사람이 크다는 말이 성립하는 것이다.

한자풀이

[輻(폭)] 바퀴살 폭

[轂(곡)] 바퀴통, 묶다, 통괄하다(낱낱을 한데 묶어서 잡음)

[埏埴(연식)] 도자기의 원료인 흙을 개는 일. 埏은 땅 가장자리 연, 흙을 이길 선. 埴은 찰흙 식

[器(기)] 기물, 그릇

[鑿(착)] 뚫을 착

[戶牖(호유)] 戶는 집, 구멍, 출입구. 牖는 들창(들어서 여는 창)

Review

　사람들이 흔히 보이는 존재물에만 정신이 팔려 비어 있는 무의 중요한 작용을 잊기 쉬운데 노자는 이것을 적절한 비유로 잘 깨우쳐준다. 구체적으로 바퀴통이나 그릇이나 방이라는, 물체나 공간의 비어 있음의 유용성을 말하였지만 추상적인 개념에서도 '비어 있음·무'의 작용에 대해 생각해 볼 수 있다. 개인적으로 생각하기에 부모의 따뜻한 사랑을 충분히 받지 못했다고 느끼는 사람, 편부모에게서 양육된 사람, 조부모에게서 양육된 사람, 홀로인 사람들이 자기 주관적인 생각에 다른 사람에 비해 상대적으로 사랑의 결핍감을 느꼈을 때 그것은 '비어 있음·무'를 지각한 것이다. 이 무에 대한 지각이 자라나면서 결국 부모 외의 다른 대상을 찾게 하는 작용을 한다. 오늘날 홀로 사는 것에 만족하는 사람이 많아진 것은 고도로 발달한 현대사회가 이러한 결핍감을 해소해주기 때문이라고 볼 수 있다. 한편 이 '무'에 대한 지각으로부터 또 다른 차원의 '유'의 존재를 깨달을 수도 있다. 즉, 자연계에서 태어나면서부터 누구에게나 공평했던 하늘과 땅의 보살핌, 해와 달의 비춤이 있었음이나 부모에 대치되는 하느님의 존재 또는 언제나 함께 있는 사물에 대한 자각 등의 효과가 있다. 비워둠의 가치를 실제 예술 창작에서 찾아 본다면 수묵화에서 여백미를 중시한다든가 한시의 창작에서 실사외에 허사를 잘 운용하거나 情(정)과 景(경)을 섞어 구성하는 것을 예로 들 수 있다.

第12章
성인은 욕망에 종속되지 않고 양생만 추구한다

> 五色令人目盲,　五音令人耳聾,　五味令人口爽.　馳騁畋獵,
> 令人心發狂.　難得之貨,　令人行妨.　是以聖人爲腹不爲目,　故
> 去彼取此.

제12장

오색(수많은 색)은 사람으로 하여금 눈이 멀게 하고, 오음(많은 음악)은 사람으로 하여금 귀가 멀게 하고, 오미(많은 음식)는 사람으로 하여금 미각이 망가지게 한다. 말 달리며 사냥하는 것은 사람의 마음을 미치게 하고 얻기 어려운 보배는 사람으로 하여금 행위가 타락하게 한다. 이 때문에 성인은 배부른 것(양생)만 추구하지 눈에 보이는 외물을 추구하지 않으므로(사물을 위해 자신을 부리지 않음) 저것을 떠나 이것을 취한다.

해제

이 장에서는 성인의 현실세계 속에서의 처세법을 말하였다. 시각,

청각, 미각 등 감각의 만족은 추구할수록 불만스럽게 한다. 또한 사냥의 즐거움과 귀한 물건을 소유하는 것에 탐닉하면 마음이 미혹되고 행위가 타락하게 되니 성인은 이른바 '오욕칠정' 같은 갖은 욕망을 추구하거나 발산하지 않고 소박하게 살며 배부른 정도에 그친다. 눈에 보이는 외물, 즉 감각기관으로 향수할 수 있는 것에 구속받지 않으므로 그것을 추구하느라 에너지를 낭비하지 않고 편안히 살 수가 있다. 노자는 만물이 생성되어 나오는 도 자체를 지키는 것을 강조하지만 만물 자체의 appearance의 풍요를 중시하지 않는 사상을 보인다.

한자풀이

[令(령)] 하여금

[盲(맹)] 소경(눈동자가 없는 장님), 눈이 멀다, 사리에 무지하다

[聾(롱)] 귀먹다

[爽(상)] 시원하다, 상쾌하다, 망가지다

[馳騁(치빙)] 말을 타고 달리는 것

[畋獵(전렵)] 사냥, 총이나 활 또는 길들인 매나 올가미 따위로 산이나 들의 짐승을 잡는 일

[發狂(발광)] 발광하다, 미치게 하다

[妨(방)] 방해하다, 훼살을 놓다, 순조롭지 못하게 방해되다

[腹(복)] 배

[彼(피)] 저것

[取(취)] 가질 취, 취하다

[此(차)] 이것

　소박한 생활을 추구하는 노자는 욕망의 문을 활짝 열고 쾌락에 탐닉하는 생활을 경계한다. 쾌락의 추구는 지나치면 행위를 타락시키기 때문이다. 쾌락을 떠나 소박함을 지킨다는 것은 다소 금욕적인 생활태도이다. 유가에서도 수신을 중시하고 '殺身成仁'(공자), '以身殉道'(맹자)라는 말까지 하였지만 계급적 체제 속에서 높은 지위의 사람에게는 그에 맞는 예가 있어야 한다. 예를 들면 천자는 천자에 맞는 음악이 있어야 한다는 사상을 가졌으므로 예와 악이 발달할 수밖에 없었다. 유가사상에 따르면 예와 악을 지키느라 낭비와 허세가 심해지므로 전국시대 나온 사상가 묵자는 공자의 유가사상에 정면으로 반대하여 「非禮」, 「非樂」, 「節葬」 등의 글을 썼다. 묵자의 사상은 유가의 허례허식을 반대한 것으로 검약을 주장한 것이고 이 점은 노자의 소박한 자연주의에 가깝다고 하겠다. 묵학은 당시 유학에 상대되는 번성한 학문이었지만 차츰 끊겼다. 묵자사상은 천자가 다스리고 귀신이 사람의 일거일동을 하늘에 보고한다는 사상체계를 갖고 있는데 노자의 순환의 법칙을 여기에 적용시켜 보면 천자는 부모, 어린 자식은 돌아갔다가 세상에 다시 나오는 귀신으로 생각해 볼 수 있다. 노자사상은 오색, 오음, 오미의 추구는 경계하였지만 양생을 위해 배불리 먹는 것은 중시한 것이 특징이다.

총애를 받거나 욕됨을 받거나 모두 경계한다

寵辱若驚, 貴大患若身. 何謂寵辱若驚? 寵爲上, 辱爲下, 得之若驚, 失之若驚, 是謂寵辱若驚. 何謂貴大患若身? 吾所以有大患者, 爲吾有身, 及吾無身, 吾有何患? 故貴以身爲天下, 若可寄天下. 愛以身爲天下, 若可託天下.

제13장

총애를 받거나 욕됨을 받는 것을 놀란 듯이 하라. 큰 우환을 내 몸처럼 귀히 여기라. 총애를 받거나 욕됨을 받는 것을 놀란 듯이 하라는 것은 무엇인가? 총애는 상등의 것이고 욕됨은 하등의 것이다. 그것을 얻으면 놀란 듯이 하고, 그것을 잃으면 놀란 듯이 한다. 이것이 총애를 받으면 놀란 듯이 하고 욕됨을 받으면 놀란 듯이 한다는 것이다. 무엇이 큰 우환을 내 몸처럼 귀히 여긴다는 것인가? 내게 큰 우환이 있는 것은 내가 몸을 가지고 있기 때문이다. 내가 몸이 없게 되면 내게 무슨 우환이 있겠는가? 그러므로 자기 몸을 천하처럼 여기면 그에게 천하를 맡길 수 있다. 자기 몸을 천하처럼 사랑하면 천하를 부탁할 수 있다.

노자사상은 여성성을 많이 드러내는데 여기에서도 수동적인 여성
적 생각이 보인다. 총애나 욕됨은 다 평상의 상태보다 정도가 심한
상태이므로 그것을 받거나 잃는 것을 경계하는 것이 좋다고 한다.
자기 몸을 가지고 있는 것을 큰 우환으로 생각한 것도 강한 여성적
사고를 보인다. 물론 남자여도 몸을 먹여 살리는 것이 큰 우환이라
고 생각할 수 있지만 전통문화적인 관점이나 생물학적 관점에서 여
성이 보다 몸·외모를 중시하기 마련이다. 큰 우환거리인 몸을 천하처
럼 여기면 천하를 걱정할 수 있을 것이다. 그 몸을 아끼고 사랑하는
사람이라면 천하를 맡길 수가 있다는 것이다.

한자풀이

[寵辱(총욕)] 굄을 받음과 욕을 당함. 총애와 수모
[若(약)] 같다
[驚(경)] 놀라다
[患(환)] 근심, 걱정, 우환
[寄(기)] 부치다
[託(탁)] 부탁하다

Review

총애를 받거나 욕됨을 받는 것 또는 잃는 것 모두를 경계한다는
말은 너무 잘되거나 너무 안 되어도 경계한다는 말로도 생각해 볼
수 있다. 이것은 유가의 중용의 사상과도 같고 큰 우환을 자기 몸처

럼 여긴다는 것, 자기 몸을 아낀다는 것은 역시 유가의 수신사상과
도 일맥상통한다. 자기 몸을 천하처럼 사랑한다는 것은 도가의 자연
주의적 관점에서 볼 때 자연물인 자기 몸을 사랑하면 곧 자연, 즉
천하를 사랑하는 셈이 된다. 이것도 결국 유가의 '수신제가치국평천
하'를 '수신'과 '천하'를 대등하게 볼 때 같은 뜻의 말이 된다. 앞 장
에서 양생을 위해 배불리 먹는 것을 중시한 것과 연결지어 볼 때 자
기 몸을 아낀다는 것은 양생을 중요시하는 사상이고, 자기 몸을 천
하처럼 아끼면 결국 천하에 해로운 행위는 하지 않을 것이란 말로
해석될 수 있다.

옛 시작을 아는 것이 도의 벼리이다

視之不見名曰夷, 聽之不聞名曰希, 搏之不得名曰微. 此三者不可致詰, 故混而爲一. 其上不皦, 其下不昧, 繩繩不可名. 復歸於無物, 是謂無狀之狀, 無物之象, 是謂惚恍. 迎之不見其首, 隨之不見其後. 執古之道, 以御今之有. 能知古始, 是謂道紀.

제14장

보아도 보이지 않는 것을 '이'라고 하고, 들어도 들리지 않는 것을 '희'라고 하고, 만져도 얻을 수 없는 것을 '미'라고 한다. 이 세 가지는 따져 물을 수 없으므로 혼합되어 하나가 된다. 그 위는 밝지 않고 그 아래는 어둡지 않고 끝없이 이어져 이름 붙일 수가 없다. 아무것도 없는 상태로 돌아가므로 이것을 형상이 없는 형상, 물체가 없는 모양이라고 하고 이것을 일러 황홀하다고 한다. 그것을 맞이하여도 그 머리를 볼 수 없고 그것을 따라가도 그 뒤를 볼 수 없다. 옛 도를 가지고서 오늘의 유를 제어한다. 옛 시작을 능히 아는 것, 이것을 일러 도의 벼리라고 한다.

여기서는 오묘한 이치를 말하는 현학적 관점을 드러내었다. '큰소리는 들리지 않고 큰 네모는 가장자리가 없다'는 말에 비할 때와 달리 여기서는 원문의 글자들로 보아 아주 작아서 감각할 수 없는 것을 말한 듯하다. 이것은 혼연한 것으로 끝없이 이어져 무의 상태로 돌아간다. 그 상태에서도 형상이 없는 형상, 물체가 없는 모양을 추정할 수가 있고 그것은 황홀한 상태로 도라고 볼 수 있다. 구체적으로 머리나 뒤를 볼 수가 없는 추상적인 상태이다. 이 생각은 불교의 '색즉시공 공즉시색' 개념과 비슷하다. 色·聲·香·味·觸을 떠난 상태이다. 또한 '빛'과 '어둠'이 있는 상태가 아니다. 제21장에서는 이를 더 부연하여 "도란 것은 있는 듯하고 없는 듯하다. 황홀하여라, 그 가운데 형상이 있다. 황홀하여라, 그 속에 만물이 있다. 깊숙하고 어두운 데 그 가운데 정기가 있다. 그 정기는 몹시 참되어 그 안에 증거가 있다. 예로부터 지금까지 (한결같은) 그 이름은 떠나지 않아서 만물의 기원을 열람할 수 있다. 내가 어떻게 만물 본래의 형상을 알겠는가? 바로 도로써이다"라고 하였다. 그러한 도를 깨닫는 것을 기점으로, 즉 옛 시작을 아는 것으로써(여기엔 시간적 개념이 있다) 현존하는 만유를 알고 제어할 수 있다고 하였다.

[視(시)] 보다

[見(견)] 보다, 보이다. 여기서는 보이다의 뜻

[夷(이)] 오랑캐, 죽이다, 멸하다, 평탄하다

[聽(청)] 듣다

[聞(문)] 듣다, 들리다

[希(희)] 바라다, 드물다, 적다

[搏(박)] 치다, 어루만지다

[微(미)] 작다

[詰(힐)] 묻다, 꾸짖다

[混(혼)] 섞이다

[皦(교)] 희다, 밝다

[昧(매)] 어둡다

[繩繩(승승)] 대가 끊어지지 아니함

[復歸(복귀)] 되돌아가다

[狀(상)] 형상

[象(상)] 코끼리, 꼴 모양

[惚恍(홀황)] 황홀. 惚은 황홀할 홀, 흐릿할 홀. 恍은 황홀할 황,
          어슴푸레할 황

[迎(영)] 맞이하다

[隨(수)] 따르다

[執(집)] 잡다, 가지다

[御(어)] 거느리다, 다스리다. 제압하다

[紀(기)] 벼리(그물코를 꿴 굵은 줄, 일이나 글의 뼈대가 되는 줄거리)

『열자』에서는 천지를 형성하는 네 개의 과정으로 太易, 太初, 太始, 太素를 들었는데 태역이란 기(氣)가 아직 나타나지 않은 비현상의 상태이고 태초란 기가 막 나타나는 순간적인 현상이라고 하였다. "……태시란 물질의 외형이 나타나기 시작한 상태이고 태소란 물질의 내부 성질이 갖추어지기 시작한 상태이다. 기와 형태와 물질 내부의 성질이 갖추어져 있으면서 이것들이 서로 분리되어 있지 않기 때문에 그것을 혼륜(渾淪)이라고 한다. 혼륜이란 만물이 서로 뒤엉켜 감감하고 분리되지 않은 상태, 곧 혼돈의 상태를 말한다. 그것은 보아도 보이지 않고, 들어도 들리지 않으며, 더듬어도 만져지지 않는다……." 이를 통해 볼 때 이 장의 앞부분의 말은 도가 혼륜에 해당됨을 말하는 셈이다. 『열자』에서는 이러한 상태를 易이라고 하였고 역의 움직임은 형체와 한계가 없으며 역이 변하여 일이 되고 일이 변하여 칠이 되고 칠이 변하여 구가 되며 구가 되면 기가 변화하는 끝이 되어 다시 변하여 일이 된다. 그리고 일은 물질의 형상이 변하는 시작이라 하였다. 이러한 변화에서는 시간적 흐름이 있으므로 노자는 이 장에서 옛 시작을 아는 것이 도의 벼리라고 하였다. 그것을 알면 오늘의 유를 제어할 수 있다 하였으니 태어나서부터의 자기 자신에 대해 시간에 따른 추이를 되새기며 도의 벼리를 찾는 것은 오늘을 살아가는 한 지혜가 될 수 있다.

第15章

혼탁하면 서서히 안정되고 안정되면 서서히 생장한다

古之善爲道者, 微妙玄通, 深不可識. 夫唯不可識, 故强爲之容. 豫兮若冬涉川, 猶兮若畏四鄰, 儼兮其若客, 渙兮若氷之將釋, 敦兮其若樸, 曠兮其若谷, 渾兮其若濁. 孰能濁以靜之徐淸, 孰能安以動之徐生. 保此道者不欲盈. 夫唯不盈, 故能蔽而新成.

제15장

옛날에 도를 잘 행한 자는 미묘하고도 심오함에 통달하여 그 깊이를 헤아릴 수가 없었다. 오직 헤아릴 수 없으므로 억지로 그 모습을 꾸며낼 수밖에 없다. 머뭇거림은 마치 겨울 강을 건너는 듯하고, 근신함은 마치 사방의 이웃을 두려워하는 듯하고, 공근함은 마치 손님과 같고, 풀려남은 마치 얼음이 장차 녹으려는 것 같고, 돈후하여 질박한 것 같고, 텅 비어서 마치 계곡과 같고, 혼후하여 탁한 듯하다. 누가 능히 혼탁함을 안정시켜 서서히 맑아지겠는가? 누가 능히 안정된 것을 움직여서 서서히 생장하게 하겠는가? 이 도를 간직한 사람은 채우려 들지 않는다. 오직 채우지 않으므로 능히 해지게 되고 새롭게 된다.

해제

옛날에 도를 잘 행한 자, 즉 성인의 겉모습만을 묘사하였는데 위축되고 근신함을 말한 것이나 손님과 같이 공근하고 또 벗어남은 얼음이 녹는 것과 같다고 표현한 것은 미묘함과 심오함에 통달한 경우 절로 마구 행동하지 않고 지극히 공근하게 움직이게 됨을 말한 것이다. 그러나 그 공근함에 항상 갇혀 있는 것이 아니라 얼음이 녹듯이 벗어나기도 한다고 보았다.

노자는 음양의 이분법을 말하지 않고 혼후하고 말로 표현할 수는 없으나 만물을 생성해내는 도라는 표현을 즐겨 쓰므로 도를 남성보다는 여성적 성질을 가진 것으로 보고 있음을 알 수 있다. 그 여성성은 결핍된 상태가 아니라 그 자체로 혼후한 것으로 중국 고대신화의 반고신화를 연상케 한다. 반고신화는 천지가 혼돈상태로 마치 계란과 같은데 반고가 그 가운데서 만 팔천 년을 지내다 천지가 개벽하여 맑고 밝은 부분은 하늘이 되고, 어둡고 탁한 부분은 땅이 되었으며, 반고는 그중 하늘의 신이요, 땅의 성인이 되었고, 하늘과 땅이 점점 높아지고 두터워지고 다시 만 팔천 년이 지나 반고가 지극히 자란 후 삼황이 나왔다는 우주기원 신화와 인간기원 신화를 겸한 신화이다. 즉, 중국인은 태초를 혼돈 자체인 존재로 보았다. 이 반고가 죽으면서 그 숨결이 바람과 구름이 되고 목소리는 우레가 되고 왼쪽 눈은 태양이 되고 오른쪽 눈은 달이 되고 팔다리와 전신은 대지의 사방과 오악이 되고 피는 강물이 되고 힘줄과 혈맥은 대지의 지리가 되고 살과 살갗은 논밭이 되고 머리털과 수염은 밤하늘의 별이 되고 피부의 털은 풀과 나무가 되고 이빨은 돌로, 골수는 보석으로, 땀은 비로 그리고 몸의 벌레들은 바람에 감화하여 사람으로 변하였다고 한다(『중국신화문학의 세계』, 빈미정 저).

노자가 도를 혼후한 것이라고 본 것은 반고의 출생부분과 비슷하다. 그리고 신체의 감각기관들을 고요히 닫고 있기를 강조한 것들은 『장자』에서 '혼돈'-사람들이 가진 일곱 개의 구멍이 없는 존재에게 하루에 하나씩 구멍을 뚫어주었더니 일곱째 날에 죽었다고 하는(『장자』「응제왕」)- 우화와도 맥락이 닿는다. 후반부의 구절들은 인위적으로 혼탁함을 안정시켜 맑아지라거나 안정된 것을 움직여 생장하라는 뜻이 아니라 그것을 자연상태로 놓아두면 절로 안정되고 그로부터 새로움이 싹터나게 된다고 본 듯하다.

한자풀이

[微妙(미묘)] 뚜렷하게 드러나지 않으면서 묘함

[深(심)] 깊다

[識(식)] 알다

[唯(유)] 오직

[容(용)] 용모, 꾸미다

[豫(예)] 미리, 머뭇거리다

[涉(섭)] 건너다

[猶(유)] 오히려, 그대로, 망설이다

[畏(외)] 두려워하다

[鄰(린)] 이웃

[儼(엄)] 엄연하다, 공손하고 조심성이 있다

[渙(환)] 풀리다, 물이 많고 세찬 모양

[釋(석)] 풀다, 석방하다

[敦(돈)] 두텁다

[樸(박)] 소박하다

[曠(광)] 비다, 탁 트이다

[渾(혼)] 흐리다

[濁(탁)] 탁하다

[孰(숙)] 누구

[靜(정)] 고요하다

[徐(서)] 천천히, 서서히

[蔽(폐)] 해지다

Review

　이 장에서 옛날에 도를 잘 행한 자는 미묘하고도 심오함에 통달하여 그 깊이를 헤아릴 수 없었다고 하였는데 열자가 關尹(관윤)에게 도의 지극한 경지에 도달한 사람은 물속에서 다녀도 숨이 막히지 않고, 불을 밟아도 뜨겁지 않으며, 공중에 올라 만물 위를 다녀도 두려워하지 않는데 어떻게 이런 경지에 도달할 수 있는지 묻자 관윤이 '이것은 순수한 기를 잘 지켜서 그런 것이다'라고 대답한 것을 참고해볼 수 있다. 관윤은 자기의 본성을 순수하게 하나로 모아 외부의 사물이나 욕심에 의해 어지럽히지 않고, 자기의 원기를 함양하고 자기의 덕성을 유지함으로써 만물을 만드는 자연과 통하게 된다고 보았다. 노자가 또 이 장에서 특별히 근신하고 공근한다는 말을 강조하였는데 그것은 덕성의 함양과 관련하여 한 말로 보인다. 덕을 닦아 도에 통달하면 만물이 절로 생장하게 할 수 있는 것이다.

항상의 도를 아는 것이 밝음이다

致虛極, 守靜篤. 萬物並作, 吾以觀復. 夫物芸芸, 各復歸其根. 歸根曰靜, 是謂復命. 復命曰常. 知常曰明, 不知常, 妄作凶. 知常容, 容乃公, 公乃全, 全乃天, 天乃道, 道乃久. 沒身不殆.

제16장

텅 빔에 이르기를 지극히 하고 고요함을 지키기를 돈독히 한다. 만물이 아울러 일어나도 이로써 그것이 되돌아감(일어났다 사라짐)을 똑똑히 볼 수 있다. 대저 사물은 무성했다가 각기 그 뿌리로 돌아간다. 뿌리로 돌아가는 것을 고요함이라 하고 이것을 복명(復命)이라 한다. 복명을 항상의 도라 하고 항상의 도를 아는 것을 밝다고 하며 항상의 도를 모르면 망녕되이 화를 일으킨다. 이 항상의 도를 알면 모든 일이 통하고 통하면 크게 공평해지고 크게 공평해지면 온전해지고 온전해지면 하늘이 되고 하늘이 되면 도가 되고 도가 되면 오래간다. 종신토록 위태롭지 않다.

지극하게 비우고 지극하게 고요하면 만물이 일어나고 사라짐을 볼 수가 있다. 노자는 태어났다가 번성하고 시들어가는 이러한 변화 그 자체를 영구불변의 항상의 도라고 보았다. 사람의 생명을 놓고 볼 때 노자는 자연스럽고 소박하게 살아 장생하기를 추구하기는 하였지만 인위적으로 생명을 늘이는 것을 추구하지는 않았다. 무성했다가 고요해지는 복명의 도를 모르면 망녕되이 화를 일으킨다는 것은 항상 그러한 자연의 도의 섭리에 따르라는 말이다. 이 변화의 원리를 진리로 삼는 도에 순응하여 살면 온전해지고 도에 합치되고 그러면 오래간다는 것이다.

한자풀이

[極(극)] 극진하다, 지극하다

[篤(독)] 돈독하다

[竝(병)] 아울러

[觀(관)] 보다

[復(복)] 돌이키다

[芸芸(운운)] 사물이 꽤 많음

[復歸(복귀)] 되돌아가다

[根(근)] 뿌리

[常(상)] 항상

[妄(망)] 망녕되다

[凶(흉)] 흉하다, 운수가 나쁘다

[沒身(몰신)] 몸이 죽다. 沒은 (물에)빠지다, 죽다

[殆(태)] 위태하다

Review

　지극하게 텅 비우고 고요하게 하면 만물이 일어났다 사라짐(되돌아감)을 똑똑하게 볼 수 있는데 만물이 자라나 무성했다가 뿌리로 돌아가는 것을 복명이라고 하였다. 한자의 鬼는 사람이 돌아가서(歸) 귀신이 된 것으로 풀이되고 있다. 우리말에서도 죽은 것을 '돌아가셨다'고 표현하는데 세상에 나왔다가 원래의 상태로 돌아간 것으로 보는 관념이다. 이 무성했다가 뿌리로 돌아가는 변화현상이 항상의 도이므로 이것을 알아야 모든 일에 통하고 온전해지고 도에 도달하여 오래갈 수 있다는 것이다. 자연계에서도 이것을 관찰할 수 있지만 사람이 만들어내는 제품에서도 이러한 순환의 도를 알 수 있다. 새 상품이 세상에 나오고 그것이 사람에게 사용되다가 다 쓰이면 폐기물로 버리는 과정에서도 생사의 순환을 관찰할 수 있다. 이 장에서 고요함을 지키기를 강조한 것은 노자사상의 중요한 요소로 중국의 사자성어인 '靜以修身(정이수신, 고요하게 하여 몸을 닦는다)'과 비교해볼 수 있다. 지극하게 고요한 상태여야 만물이 일어나고 사라짐을 관찰할 수 있다.

최상의 성인은 유유히 무위를 행하며 말을 아낀다

太上, 不知有之. 其次, 親而譽之. 其次, 畏之. 其次, 侮之.
信不足焉, 有不信焉. 悠兮其貴言. 功成, 事遂, 百姓皆謂, 我
自然.

제17장

최상의 성인은 사람들이 그의 존재를 모른다. 그다음은 사람들이
친히 여기고 기린다. 그 다음은 두려워한다. 그 다음은 모욕한다. 그
사람에게 신심이 부족하여 백성들이 믿지 않는 것이다. 최상의 성인
은 유유히 무위를 행하며 말을 아낀다. 공이 이루어지고 일이 완수
되면 백성들은 모두 말하기를, "자연이 그렇게 한 것이다"라 한다.

해제

사람은 어려서도 누군가 자기를 지켜보고 있다는 것을 느끼는 듯
하다. 그것은 동양적 관점으로 보면 귀신이 지켜보고 있다고 느끼는
것일 수도 있다. 그 귀신의 존재는 사람들이 인지할 수 있는 것이고

귀신과 함께 살며 귀신에게 제사도 지내지만 귀신이 하늘에 가서 보고한다는 상제의 존재는 인식하기 어렵다. 막연히 상제가 있나 보다고 생각할 따름이다. 물론 여기서의 성인은 그러한 추상적 상제보다 현실세계 속의 성인을 가리키는 말일 수 있다. 예를 들면 묵자가 전쟁을 반대하는 「非攻說(비공설)」의 입장에서 큰 초나라가 작은 송나라를 침략하려는 것을 막으려고 열흘 밤낮을 달려 초나라에 가서 초왕을 설득하다 안 되자 공격용 큰 사다리 운제를 만드는 공수반을 설득하려고 허리띠를 풀러 모의 대결을 해보여 공수반의 침공을 일일이 막아냄으로써 초나라가 송나라를 공격하는 것을 그치게 하였으나 자기 나라로 돌아가는 길에 마주친 송나라 사람은 묵자가 그런 공을 세웠음을 전혀 눈치채지 못하였다는 이야기와 같은 맥락에서 파악해볼 수 있다. 묵자의 성인다운 공을 일반사람은 눈치채지 못하는 것이다. 그러나 세상에서 이름나고 추종자가 많은 속세의 영웅은 많은 사람의 사랑을 받고 기림을 받을 수 있다. 여기서 후반부에 백성을 이야기하고 있으니 성인은 통치자를 가리키는 말로 볼 수도 있고 두려워하고 모욕한다는 것은 통치자에 대한 백성의 태도를 말하는 것일 것이다. 통치자가 이렇게 추락되는 것은 그 자신에게 신심이 부족한 것이고 백성을 인위적으로 통치하려고 들고 유유히 무위에 맡겨 자연스럽게 공이 이루어지도록 내버려두지 않았기 때문이라는 것이다. 마지막 구절은 백성들이 '내 스스로 그렇게 한 것이다'라고 풀이되기도 하는데 여기서는 성인의 공이 워낙 자연스럽기 때문에 자연이 그렇게 한 것이라고 본 것으로 해석했다.

[親(친)] 친하다

[譽(예)] 기리다

[侮(모)] 업신여기다

[悠(유)] 멀다, 아득하다, 한가롭다

[遂(수)] 끝나다, 이루다

Review

　최상의 성인은 사람들이 그 존재를 알 수 없다고 한 것은 성인이 귀신이나 하느님처럼 보이지 않으면서도 사람의 일이나 마음을 알고 알맞게 베풀어주는 것과 같은 맥락으로 생각하면 될 것이다. 우리말에 낮말은 새가 듣고 밤말은 쥐가 듣는다는 말이 있는데 이것은 주변의 동물이 신통하게 모든 것을 아는 것으로서 성인은 사람뿐 아니라 만물과도 다 통한다고 보아야 할 것이다. 오늘날엔 알고리즘의 시대라는 말도 나오고 컴퓨터나 스마트폰이 일거일동을 다 기억하고 있다. 그러므로 그 존재는 인간에 대해 신통하게 다 알고 있는 자연물과 비슷하다. 성인은 이 현대 첨단기기와도 잘 소통해야 한다. 성인이 유유히 무위로 처신하며 말을 아끼는 것을 유에서 찾는다면 만물 중에서도 침묵하고 있는 무생물·사물의 존재에 가깝다. 참고로 원문 처음의 '太上…., 其次,…., 其次….'와 같은 구문의 격언으로 ≪春秋≫에 '太上立德, 其次立言, 其次立功(가장 높은 것은 덕을 세우는 것이고, 그 다음은 말을 세우는 것이고, 그 다음은 공을 세우는 것이다'이라 한 말이 있다.

큰 도가 폐기된 후로 인의가 생겨났다

大道廢, 有仁義. 智慧出, 有大僞. 六親不和有孝慈, 國家昏
亂有忠臣.

제18장

큰 도가 폐기된 후로 인의가 생겨났다. 지혜가 출현한 후로 큰 거
짓이 생겨났다. 육친(아버지, 자식, 형, 아우, 남편, 부인)이 불화하자
효도와 자애가 생겨났다. 국가가 어둡고 어지러워진 후로 충성스런
신하가 생겨났다.

해제

이 이야기는 앞에서 통치자는 무위로 다스려야 한다고 한 것과 같
은 맥락의 말이다. 자연의 도가 절로 세상을 다스리게 내버려두어야
하는데 그 자연의 도를 버리고 인위적으로 인간관계상의 중요한 덕
목으로 인의를 설정한 것은 잘못이라는 관점이다. 자연의 도를 버리
게 된 것은 점차 인간의 욕심이 커져서 서로 다투게 되었고 그것을
교통 정리하는 차원에서 인과 의가 내세워진 것이라고 본 것이다.

갖가지 지혜도 다 부정한다. 큰 지혜가 생겨날수록 그에 따른 큰 거짓이 생겨난다고 본 것이다. 육친이 불화하자 효도와 자애가 생겨났다고 말한 것도 본래는 육친이 불화하지 않은 상태로 본 것이다. 그것은 예를 들면 『구약성서』「창세기」에서 카인과 아벨이 형제지간이면서 하나를 죽이는 결과에 이른 것을 참고해볼 수 있다. 노자의 관점은 이를 두고 볼 때 카인과 아벨이 죽이는 지경에 이르지 않는 그 이전의 평화로운 상태를 지향한다. 지혜의 출현과 관련지으면 더 나아가서 『구약성서』의 여호와와 아담의 관계에 비유해볼 수 있다. 기독교에서는 자주 하느님의 사랑을 부모와 같은 사랑으로 말하는데 아담과 이브가 여호와의 말을 거역하고 선악을 알게 하는 선악과를 따먹고 눈이 밝아졌다는 것은 부모자식 간에 불화가 생겼다는 것과 같다. 그로 해서 여호와는 아담과 이브를 벌주고 계율을 지키면 복을 받는다는 말을 남기고 있는 것은 인의도덕에 따라 살라는 이야기와 비슷하다. 불교에서도 공사상을 기본으로 하면서도 세속에서의 계율을 강조하였는데 노자의 경우는 이런 차원에서 볼 때 자연의 도에 따르면 절로 복이 온다는 말이나 같다. 자연의 도를 폐기하고 사심에 따라 실리를 추구하게 되면서 갖가지 지혜가 생겨나고 인의라는 도덕률이 생겨나고 효도와 자애를 강조하게 된 것이다. 이러한 원리로 후대의 국가도 자연의 도에서 떠나 어둡고 어지러워진 후로 충성이 강조되어 충신이란 개념이 생겨났다는 것이다.

한자풀이

[廢(폐)] 폐하다, 못 쓰게 되다, 무너지다

[智慧(지혜)] 지혜, 삶의 경험이 풍부하거나 세상 이치나 도리를

잘 알아 일을 바르고 옳게 처리하는 마음이나 두뇌
의 능력

[僞(위)] 거짓

[昏亂(혼란)] 어둡고 어지럽다

Review

큰 도가 폐기되고 지혜가 생겨나면서 어지러움이 비롯되었다는 것
은 세상의 인위적 질서를 초월한 관점에서 하는 말이다. 어린아이가
세상에 태어나면 자라고 교육을 받으면서 세속에서 살아가는 지혜와
꾀가 생긴다. 소박한 어린아이 상태 같은 유약함과 덕성스러움을 추
구하는 노자는 세상에서 자라면서 체득하는 세속적 질서개념을 부정
적으로 보는 것이다. 인의, 효도, 자애, 충성은 자라면서 이미 체득하
게 되므로 그것을 긍정하되 노자의 사상을 따르려면 그 이전의 어린
아이같은 순수한 상태로 돌아가려는 노력을 해야 할 것이다.

第19章
꾸미는 것은 부족한 것이므로 소박함으로 돌아간다

絶聖棄智, 民利百倍. 絶仁棄義, 民復孝慈. 絶巧棄利, 盜賊無有. 此三者以爲文不足, 故令有所屬. 見素抱樸, 少私寡欲.

제19장

성스러움을 끊고 지혜를 버리면 백성의 이익이 백배가 되리라. 인을 끊고 의를 버리면 백성들은 다시 효성스럽고 자애로워질 것이다. 교묘함을 끊고 이익을 버리면 도적이란 없게 될 것이다. 이 세 가지는 꾸민 문채이어서 부족하다. 그러므로 속하는 곳이 있게 해야 한다. 즉, 흰 바탕을 드러내고 소박함을 껴안으며 사심을 적게 하고 욕심을 줄여라.

해제

여기서의 성스러움은 앞에서 좋은 의미로 말한 무위로 다스리는 성인과 달리 작위가 있는 성스러움을 뜻한다. 조금이라도 작위가 있는 것은 다 부정한 것으로 지극히 소박함을 강조한 것이다. 이것은 앞에서 도가 천제보다도 앞선 듯하다고 말한 것처럼 자아가 있는 하느님은 부정의 대상이 된다. 성스러움과 지혜와 인과 의와 교묘함과 이익을 버리라는 말은 지극히 극단적이다. 선과 악을 구분할 수조차 없다. 그러나 요지는 깨끗한 흰 바탕을 회복하고 소박하게 사심을 줄이고 살라는 뜻이다. 흰 바탕이라는 말은 공자가 "그림 그리는 일은 먼저 흰 바탕을 만든 뒤에 한다(繪事後素)"라고 채색 칠을 하기 전에 기본적으로 깨끗한 바탕이 있어야 함을 말한 것에 비교할 때 공자의 흰 바탕은 인위적으로 조성하여 만든 것이고 노자의 흰 바탕은 닦아냄으로써 보이는 깨끗한 바탕을 말하는 것이다.

한자풀이

[絶(절)] 끊다

[棄(기)] 버리다

[倍(배)] 곱절

[巧(교)] 교묘하다

[盜賊(도적)] 도둑

[令(령)] 하여금

[屬(속)] 속하다, 있다

[素(소)] 희다, 본디

[寡(과)] 적다

Review

앞의 장에서와 같이 인위적인 인의예지를 끊어야 한다고 주장한

글이다. 성스러움마저 끊어야 한다고 하였다. 꾸민 것들을 모두 끊어
버리고 소박한 흰 바탕을 드러내야 한다고 하였는데 이것은 현실계
의 화려함을 부정한 것이다. 한다고 하였는데 뉴턴이 밝힌 바 근본
적으로 태양빛인 색은 모든 색이 섞이면 흰 색이 된다는 점에서 소
박한 흰 바탕으로 돌아가야 한다는 것은 현실계의 화려함을 부정하
는 것이다. 하나로 일관된 맑음이나 고요함의 색상을 추구한다고 보
아야 할 것이다. 그런 인위적 노력과 수양으로 성인의 경지에 도달
하게 된다. 세속의 인의예지나 불교에서 말하는 분별심이 뿌리박힌
의식을 가지고 소박한 상태로 돌아가는 것은 노력 없이 가능하지 않
을 것이다. 왜 소박해져야 하는지 취향에 맞지 않는다고 생각될 수
도 있다. 그러나 하나의 도로 일관하고 맑음과 고요함을 지킨다는
것은 개인의 취향에 따라 고려해볼 수 있는 양생법이다. 인위적인
인과 의를 끊고 사심을 버리고 욕심을 줄이면 합리적으로 하나의 도
에 합치되게 된다. 그것은 인위적으로 인과 의를 행하며 사심과 욕
심을 증대시키는 것보다 낫다.

第20章
남들이 다 행복해 보여도 스스로 추구하는 도를 따른다

絶學無憂. 唯之與阿, 相去幾何? 善之與惡, 相去若何? 人之所畏, 不可不畏. 荒兮其未央哉! 衆人熙熙, 如享太牢, 如春登臺. 我獨泊兮其未兆, 如嬰兒之未孩, 儡儡兮若無所歸. 衆人皆有餘, 而我獨若遺. 我愚人之心也哉, 沌沌兮! 俗人昭昭, 我獨昏昏. 俗人察察, 我獨悶悶. 澹兮其若海, 飂兮若無止. 衆人皆有以, 而我獨頑且鄙. 我獨異於人, 而貴食母.

제20장

배움을 끊으면 근심이 없어진다. "예"라고 공경하는 말과 "응" 하고 무시하는 말은 얼마나 거리가 먼가? 선과 악은 서로 얼마나 떨어졌는가? 사람들이 두려워하는 것을 두려워하지 않을 수 없다. (그러나 나의 도의) 황량함은 끝이 없구나. 뭇 사람들이 희희낙락하는 것이 태뢰잔치를 향수하는 듯, 봄날에 누대에 오른 듯한데 나 홀로 담박하여 아무런 조짐이 없이 아직 웃을 줄 모르는 갓난아이 같고 지쳤어도 돌아갈 곳이 없는 듯하네. 뭇 사람들은 모두 넘침이 있는데 나 홀로 빠트린 듯하네. 나는 지극히 어리석은 사람의 마음으로 아무것도 모르네. 세속의 사람들은 밝디밝은데 나 홀로 어두컴컴하네. 세속의 사람들은 맑고 깨끗한데 나 홀로 딱한 것이 바다와 같이 담담하고 멈춤이 없는 바람처럼 휘날리네. 세상 사람들은 다 방법이 있는데 나 홀로 완고하고 비루하네. 나 홀로 남들과 다르노니 먹여 주는 어미 같은 도를 귀히 여기네.

해제

배움을 끊으면 근심이 없어진다는 말은 아직 공부를 시작하지도 않은 어린이에게는 이해하기 어려운 말이다. 노자의 자연의 도라는 말도 마찬가지이다. 노자사상을 이해하는 것은 세상을 겪고 그것을 회고하는 시점에서 유효한 듯하다. 말도 잘 못하고 글도 모르는 아기에게 성인의 이야기를 늘어놓는다면 이해하기 어려운 것처럼 세속을 다 겪고 자기의 관점을 강조하는 노자의 사상을 어려서부터 아무 비판의식 없이 그대로 받아들인다는 것은 위험한 일일 수 있다. 아니 어린이는 스스로 그런 사상을 텍스트를 접해 독해하고 받아들일 능력이 없고 어른이 그런 사상을 아이에게 주입시키느냐는 그 어른의 주된 관점에 달려 있다. 이 글에서 노자는 자기가 현실세계의 사회 속에서 이웃사이더적인 존재임을 드러낸다. 대중의 도를 따르지 않고 자기 홀로 추구하는 도를 좇아 혼돈스럽고 완고한 상태를 고수한다. 물론 노자가 말하는 자연의 도가 근시적으로는 큰 대중의 존재 속에서 아웃사이더적 존재로 그칠 수밖에 없지만 긴 안목으로 볼 때는 광활한 역사와 시공간 속에서 일리가 있는 도라고 볼 수 있다.

그러나 너무 큰 관점은 노자 자신의 '큰 소리는 들리지 않는다. 큰
네모는 모서리가 없다'는 말처럼 유효성을 상실하기 때문에 우선은
작은 관점에서 노자사상을 실재하는 현실 속에 활용하는 것이 좋다.
예를 들면 지나친 입시위주 공부에 지쳤을 때, 지나친 경쟁으로 심
신이 지쳤을 때, 욕심을 줄이고 작은 만족에 머무름으로써 과열경쟁
을 하지 않을 수도 있다는 심리적 균형감의 지평을 얻을 수 있는 것
이다.

한자풀이

[憂(우)] 근심, 걱정

[阿(아)] 대답하는 소리, 언덕, 기슭, 처마

[幾(기)] 몇

[荒(황)] 거칠다

[未央(미앙)] 끝나지 않다

[熙熙(희희)] 화목한 모양

[享(향)] 누리다

[太牢(태뢰)] 대뢰, 나라에서 제사지낼 때 소를 통째로 바치던 일

[臺(대)] 누대

[泊(박)] 잔물결, 조용하다

[兆(조)] 조짐

[孩(해)] 어린아이

[儽儽(루루)] 지치다

[餘(여)] 넘치다

[愚(우)] 어리석다

[沌沌(돈돈)] 沌은 엉길 돈. 사리에 어둡다, 혼탁하다

[昭(소)] 밝다

[察察(찰찰)] 察은 살필 찰. 깨끗하다, 결백하다

[悶悶(민민)] 매우 딱함. 悶은 답답하다, 번민하다

[澹(담)] 맑을 담. 싱겁다, 담담하다

[飂(료)] 바람소리 료, 높이 부는 바람 류, 서풍

[頑(완)] 완고하다, 미련하다, 둔하다

[鄙(비)] 비루하다, 더럽다

Review

노자 자신이 추구하는 도가 남다른 도임을 스스로 잘 알고 있음을 드러내는 글이다. 남들은 다 잘 살고 희희낙락한데 자기 혼자 딱하고 완고하며 어미 같은 도를 따르고 있다 하였는데 이러한 생각은 남의 존재를 자기 자신과 대등하게 실물로 여기기 때문이다. 그것은 세상에 존귀함과 비천함이 있고 행복과 불행이 있는데 남은 항상 자기보다 잘 되고 남은 항상 행복해 보인다고 비교하면서 의기소침에 빠지는 것과 같다. 그것이 현실일지라도 현대의 개인주의 사회에서는 의미가 퇴락된 현실인식이다. 자기 혼자 집안에 살고 있다면 남의 존재가 어디 있고 남이 나보다 더 존귀하고 행복하다는 증거가 어디 있는가? 밖에 나가 남들과 교류할 때 인간세상의 룰을 지키고 예의 있게 행동해야 하지만 그러나 그것도 불교에서처럼 '이른바 눈에 보이는 모든 것은 다 허상이다'라고 생각한다면 남의 화려함이나

행복해 보이는 모습이 거짓일 수도 있음을 생각해보아야 한다. 노자
는 남들이 화려하고 행복해 보이는 것을 환상으로 보지는 않고 자기
혼자 먹여주고 길러주는 도를 따른다고 말한 점에서 현실속에서 주
체적 자아를 가지고 능동적으로 행동하는 모습을 보여준다. 그런 점
에서 자기가 어리석고 어두컴컴하다는 것은 세속 사람들처럼 지교
(智巧)를 추구하지 않는다는 뜻으로, 세속 사람들은 맑고 깨끗한데
자기는 바다같이 담담하다는 것은 작고 맑은 샘물보다 망망대해를
귀히 여긴다는 뜻으로 해석해 볼 수 있다. 남들이 항상 자기보다 행
복해 보일 때 행복한 남들과 담을 쌓고 자기의 도를 고수하는 노자
의 아웃사이더 정신이 도움이 될 수 있겠다.

도로써 만물 본래의 형상을 알 수 있다

孔德之容, 惟道是從. 道之爲物, 惟恍惟惚. 惚兮恍兮, 其中
有象. 恍兮惚兮, 其中有物. 窈兮冥兮, 其中有精. 其精甚眞,
其中有信. 自古及今, 其名不去, 以閱衆甫. 吾何以知衆甫之
狀哉? 以此.

제21장

큰 덕의 표현(모습)은 오직 도를 따른다. 도란 것은 있는 듯하고
없는 듯하다. 황홀하여라, 그 가운데 형상이 있다. 황홀하여라, 그 속
에 만물이 있다. 깊숙하고 어두운 데 그 가운데 정기가 있다. 그 정
기는 몹시 참되어 그 안에 증거가 있다. 예로부터 지금까지 (한결같
은) 그 이름은 떠나지 않아서 만물의 기원을 열람할 수 있다. 내가
어떻게 만물 본래의 형상을 알겠는가? 바로 도로써이다.

해제

제1장에서 도를 말로 표현할 수 없다고 한 것과 같이 이 장에서도

도의 존재를 구체적으로 형용할 수 없음을 말하였다. 그러나 있는 듯하고 없는 듯한 가운데 만물이 나오고 깊숙하고 어두워 현묘한 속에 참된 정기가 있고 증거가 있어 예로부터 지금까지의 본모습을 알 수 있다는 것이다. 예부터 전해져온 만물 본래의 형상은 플라톤의 이데아 같은 것으로 생각해 볼 수 있다. 예를 들면 의자의 이데아가 있고 거기에서 의자가 만들어진 것처럼 만물이 본래 형상에서 지금에 이르기까지 변화하며 재생되어온 것이다. 현대의 좋은 재질의 냄비나 그릇 등을 생각해 볼 때 시간을 거슬러 그것의 본모습인 고대의 토기를 생각해 볼 수 있다. 복잡한 대도시에 살고 있어도 정미하게 생각하면 허허벌판의 외진 집에 있는 것임을 알 수 있다. 방바닥과 천장을 땅과 하늘로 생각해 볼 수도 있다. 자연의 새소리도 들리지만 소리를 내며 달리는 자동차들을 포효하는 짐승들로 되돌려 생각해 볼 수도 있다. 이렇게 생각을 정미하게 하면 집안은 곧 하나의 우주처럼 될 수가 있다. 만물 본래의 형상을 아는 것은 바로 도로써인 것이다. 현실계의 부화한 모습도 정미한 생각을 통해 본래의 모습이나 관계로 환원될 수 있다.

한자풀이

[孔(공)] 구멍, 깊다, 크다

[窈(요)] 고요하다, 어둡다

[冥(명)] 어둡다

[閱(열)] 보다, 분간하다

[衆甫(중보)] 衆은 무리, 백성. 甫는 크다, 많다, 아무개 씨

도란 있는 듯하고 없는 듯한 가운데 형상이 있고 만물이 있고 정기가 있고 증거가 있다. 만물의 기원을 열람할 수 있다는 말은 어찌 보면 현대의 시간여행이라는 과학적 시도와 일치되는 면이 있다. 우리가 의지를 발휘해 살고 있는 현실이 사실은 절로 그러하고 앞으로도 절로 그러한 것이고 때가 되면 시간여행을 통해 다시 옛날로 돌아가 볼 수도 있을지 모른다. 만물의 본래 모습이란 말은 자주 나오는데 이러한 표현은 한편 눈에 보이는 현실이 극적 세계이고 도를 깨달으면 그 본 모습을 알 수 있다는 뜻으로 볼 수도 있다. 예컨대 현대에 서양 여성의 이름에 Sarah가 있다면 성경속의 인물 Sarah로 환원시켜 볼 수 있고 또 어떤 인물의 이름을 다른 외국어로 읽을 때 연상되는 사물과 환원시켜 인간과 만물의 ‘물아일체성’을 느껴볼 수 있다. 이렇게 만물을 밝게 알고 도의 운행규칙을 알면 과거와 현재, 미래를 꿰뚫어볼 수 있다는 뜻으로 해석해볼 수도 있다.

第22章
변증법적 변화의 원리를 아는 성인은 불변의 도를 지킨다

曲則全, 枉則直, 窪則盈, 敝則新. 少則得, 多則惑. 是以聖人抱一爲天下式. 不自見, 故明, 不自是, 故彰, 不自伐, 故有功, 不自矜, 故長. 古之所謂曲則全者, 豈虛言哉! 誠全而歸之.

제22장

휘어지면 온전해지고, 굽으면 펴지고, 패이면 가득 차게 되고, 낡아지면 새롭게 된다. 적으면 얻게 되고, 많으면 미혹된다. 이 때문에 성인은 도 하나를 꼭 지켜 천하의 법으로 삼는다. 스스로 드러내지 않으니 고로 밝게 되고, 스스로 옳다고 않으니 고로 빛나며, 스스로 공을 자랑하지 않으니 공이 있고 스스로 자긍심을 갖지 않으니 고로 오래간다. 옛날에 이른바 "휘어지면 온전해진다"라고 한 말이 어찌 빈 말이겠는가? 실로 온전하여져서 그리로 돌아간다.

해제

이 장은 노자사상 중 중요한 요소인 순환의 도를 이야기하였다.

조금씩 덧보태는 설명이 필요할 수도 있지만 패이면 가득 찬다는 것은 연못물이 말랐다가 다시 가득 차는 것을 생각해 볼 수 있고 낡아지면 새롭게 된다는 것은 낙엽이 졌다가 신록이 싹트는 것을 생각해 볼 수 있다. 자연현상이 이런 것처럼 인간사도 마찬가지로 적은 상태에서라야 많이 얻게 되는 것이다. 많이 얻으면 다시 미혹되어 적어지는 상태로 된다. 이것은 우리 속담에 음지가 양지 되고 양지가 음지 된다는 말과 같다. 성인은 이러한 변화를 알아 굳이 인위적으로 자신을 드러내지 않고 자신을 옳다고 주장하지 않고 자긍심을 갖지 않음으로써 변화의 원리에 따라 잃거나 쇠하지 않고 오래갈 수 있다는 것이다. 이러한 변화의 도를 따른다는 것은 기회주의자를 옹호하는 논리같이 생각될 수도 있지만 하나의 도를 꼭 지킨다는 말과 마지막 구절의 온전하여져서 돌아가게 된다는 말로 보아 '事必歸正(사필귀정)'의 의미를 갖는다고 생각된다. 그러므로 이 말은 인간 존재로 살아가는 동안 뚜렷한 가치관을 지녀 부정적 변화가 일어나도 잘 수비할 수 있는 자세를 갖추는 데 활용하는 것이 좋겠다.

한자풀이

[曲(곡)] 굽다, 도리에 맞지 않다, 공정하지 않다

[枉(왕)] 굽다, 굽히다, 사특하다

[窪(와)] 웅덩이, 우묵하다, 낮다

[惑(혹)] 미혹케 하다, 현혹시키다

[式(식)] 법, 의식, 정도

[彰(창)] 드러나다, 밝다

[伐(벌)] 자랑하다, 치다, 정벌하다

[矜(긍)] 자랑하다, 엄숙하다, 공경하다

[誠(성)] 정성, 참으로, 과연

Review

변증법적으로 변화해가는 도의 변화양상을 잘 아는 성인은 그렇다고 해서 변증법적 변화의 기류에 휩쓸리지 않고 도 하나를 잘 지켜 법도로 삼는다. 스스로 드러내거나 공을 자랑하지 않아도 절로 드러나고 공이 있게 된다. 노자의 이 말은 결국 자연의 도를 따른다는 것이 변증법적 변화의 도에 편승한다는 뜻이 아니라 그 변화의 규칙성을 확실하게 알고 해지거나, 새롭게 되거나, 패이거나, 가득차거나, 인위적으로 자기주장을 하지 않음으로써 절로 새롭게 되고, 가득 차게 되는 것을 기다린다는 것이다. 이것은 하느님은 '스스로 존재하는 자이다', '뜻이 절로 이루어지이다'와 같은 말에 반영된 기독교적 사고방식과도 통한다. 도 하나를 잘 지킨다는 점은 인위적 의지를 인정하는 것이지만 스스로를 옳다고 주장하지 않는 것이다. 예를 들어 드럼 세탁기의 세탁물이 빙글빙글 돌아가면서 세탁이 되는 것은 변증법적 변화양상이라고 볼 수 있고 더러웠던 세탁물이 세탁이라는 하나의 도를 잘 지켜 깨끗해지는 것을 '도 하나를 지킨 것'으로 생각해 볼 수 있다.

第23章
도에 종사하려는 자는 도에 같게 한다

希言自然. 故飄風不終朝, 驟雨不終日. 孰爲此者? 天地. 天地尙不能久, 而況於人乎. 故從事於道者, 同於道, 德者同於德, 失者同於失. 同於道者, 道亦樂得之, 同於德者, 德亦樂得之, 同於失者, 失亦樂得之. 信不足焉, 有不信焉.

제23장

자연은 말을 드물게 한다. 그러므로 회오리바람은 아침내 불지 않고 소나기는 종일토록 몰아치지 않는다. 누가 이렇게 하는가? 하늘과 땅이다. 하늘과 땅도 오히려 오래가지 못하는데 하물며 사람에게서이랴? 그러므로 도에 종사하는 사람은 도와 같게 하고 덕에 종사하는 사람은 덕에 같게 하고 실패에 따르는 자는 실패에 같게 한다. 도와 함께하는 자는 도 역시 그를 얻었음을 즐기고 덕과 같이하는 자는 덕 역시 그를 얻었음을 즐기고 실패와 같이하는 자는 실패 역시 그를 얻었음을 즐긴다. 이에 대한 믿음이 부족하면 이것을 믿지 않게 된다.

옛날의 서적들은 대부분 농경사회를 기반으로 한 관점에서 비유를 많이 든다. 노자도 인위적 현대 도시문명을 기반으로 하지 않고 자연을 기반으로 도의 원리를 내세운다. 노자는 도가 자연에서 나온 것이지만 하늘과 땅도 오래가지 못한다고 하였다. 자연의 언어처럼 하늘과 땅이 비를 내리고 바람을 몰아치지만 그것이 오래가지 못하니 하늘과 땅의 법칙이 오래가지 못하는 셈이다. 노자는 "사람은 땅을 본받고 땅은 하늘을 본받고 하늘은 도를 본받고 도는 자연을 본받는다"고 하였는데 오래가지 못하는 하늘과 땅의 법칙에 비추어 사람의 법칙도 오래가지 못하나 도에 종사하는 사람은 도에 같게 함으로써 오래갈 수가 있다고 본 것이다. 도와 덕에 종사하면 그와 같아지고 실패에 종사하면 실패에 같아진다. 실패에 같아진다는 말은 우선 공자의 '군자는 잘못을 다시 범하지 않는다(君子不二過)'와 관련지어 생각해 볼 수 있다. 실패의 도를 따르면 실패하게 되는 것이다. 또 한편으로는『장자』에 자기의 몸에 병이 나서 몸이 뒤틀리고 뭔가 다른 형태로 변해도 그것을 즐기면 되지 않는가라는 요지의 말과 비교하면 소극성을 더욱 극단적으로 발전시켜 병에 순응하라는 말로 생각해 볼 수 있다. 이것은 자연의 변화의 도에 대한 절대 순응의 믿음을 강조한 말이다. 현대문명은 끝없이 자연을 극복하며 발전하고 있고 불멸이라는 신체의 영원한 생명에까지 관심을 갖는데 그것은 도에 어긋난 듯하면서도 한편으로는 자연의 모방이기도 하다. 해와 달을 모방하여 밤에도 전깃불을 켜고 잘 달리는 동물처럼 자동차를 굴리고 높이 나는 새처럼 비행기를 띄운다. 기술이 발전하면 구름처럼 집을 높은 곳에 지어 놓을지도 모른다. 장자의 물아일체론에 따르면 영원한 생명은 자연과 자연의 모방으로 실현될 수도 있다.

한자풀이

[飄風(표풍)] 회오리바람

[終(종)] 마치다

[朝(조)] 아침

[驟雨(취우)] 소나기, 驟는 달리다, 갑작스럽다

[尚(상)] 오히려

[況(황)] 하물며

[失(실)] 잃다, 실패

Review

노자가 궁극적인 법으로 삼은 것은 자연이다. 도는 자연을 본받는 다고 하였다. 자연은 영원하지 않고 변화한다. 그렇다면 변화의 규칙을 알고 그것을 따라야 하는데 앞 장에서는 변화의 규칙을 알기 때문에 자기주장을 하지 않는다고 하였다. 노자사상을 대부분 변화의 규칙에 따르는 것, 변화 자체가 도인 것(이것은 易의 법칙이기도 하다)으로 해석하는데 이는 변화하는 자연의 도에 순응하는 것이 노자사상이라는 이야기가 된다. 그러나 자연에 순응하는 것 외에도 도하나를 지킨다는 말을 자주하고 있으니 꼭 변화의 규칙을 따른다는 이야기는 아니다. 여기에서 변화하는 자연이란 외형적으로 나타나는 변덕스런 자연현상, 즉 바람, 비, 추위, 더위 같은 것으로 항구적인 자연 그 자체, 즉 해와 달, 별 등 우주세계를 가리키는 것은 아닌 셈이다. 따라서 이해에 혼란이 가게 '도는 자연을 본받는다'고 하였지만 그 뜻은 변화의 규칙을 알기 때문에 변화의 도에 따라 순응한다는 뜻도 되고 변화 현상의 근원인 본래의 불변의 자연의 도를 본받는다는 뜻도 되겠다.

실패도 그를 얻었음을 즐긴다는 말과 장자의 말에 덧붙여 생각해 볼 말은 R.M.릴케가 슬픔과 고독을 옹호하면서 무언가 병적인 것이 있거든 병이란 유기체가 이질적인 것으로부터 해방되는 수단으로 생각하고 유기체를 도와 제대로 병이 되어 그 병이 곪아 터지게 해야 한다고 말한 것과 뜻이 통한다는 점이다.

第24章
부자연스러운 행동은 잘 하기가 어렵다

企者不立, 跨者不行. 自見者不明, 自是者不彰, 自伐者無功, 自誇者不長. 其於道也, 曰餘食贅行. 物或惡之, 故有道者不處.

제24장

발꿈치를 든 자는 잘 서 있을 수 없고 큰 걸음으로 걷는 자는 잘 다닐 수 없다. 스스로 드러내는 자는 밝게 드러나지 않고 자기가 옳다고 하는 자는 빛나지 않고 스스로 자랑하는 자는 공이 없고 스스로 자만하는 자는 오래가지 못한다. 이러한 것은 도의 관점에서 보면 먹고 남은 음식이나 군더더기 행동이라고 할 수 있다. 만물이 이를 싫어하므로 도가 있는 사람은 이렇게 하지 않는다.

해제

이 말은 자연의 법칙에서 사리를 찾은 말이다. 지면과 신체의 작동 원리상 발꿈치를 들고서는 잘 걸을 수가 없고 가랑이를 크게 벌려 걸으면 잘 다닐 수가 없는 것처럼 과장하여 공을 드러내고 자기를 빛내는 자는 이치상 그것을 오래 지속시킬 수가 없다는 것이다. 자연에 맞춰 자신의 상태를 유지하는 것이 도에 맞는 행동이라는 것이다.

한자풀이

[企(기)] 꾀하다, 발돋움하다, 기도하다

[跨(과)] 넘다, 타넘다, 걸터앉다, 사타구니

[誇(과)] 자랑하다, 자만하다, 뽐내다

[贅(췌)] 혹, 군더더기, 데릴사위

Review

발꿈치를 들고서는 잘 설 수 없다. 걸음을 크게 걸으면 잘 걸을 수 없다. 성인은 따라서 과장되게 자기를 드러내지 않고 자연스럽게 처신한다. 스스로 드러낸다는 것은 자의식을 가지고 인위적으로 드러내는 것이고 가만히 있는 것이 바로 자기의 발걸음에 맞게 걷는 것처럼 자연스러운 것이다. 이 구절을 정치인의 과장된 허세를 풍자하는 데 쓰는 사람도 있다. 이러한 자연주의에 따르면 타고난 육체를 인위적으로 성형하는 것도 부자연스러운 일이다. 그러나 음식이나 기타 요소도 성장에 영향을 미치므로 어디까지가 자연스러운 것인가 애매모호하다. 부자연스러운 행동은 잘 하기가 어렵다는 말은 간단히 남자가 여자 노릇 하기 어렵고 여자가 남자 노릇 하기 어렵다는 말을 생각해보면 이해가 쉬울 것이다. 여기에서는 스스로 드러내는 자, 자기가 옳다고 하는 자, 스스로 자랑하는 자, 스스로 자만

하는 자를 부정적으로 규정하고 그 공이 오래가지 못한다며 그렇게 하지 말라고 하였는데 이와 상반된 경우를 생각해 볼 수 있다. 즉, 잘못한 것이 없다고 생각되는데도 남이 몹쓸 인간처럼 보고 욕하는 모습을 볼 수 있고, 자기는 보통 사람들보다 가난하다고 생각하는데 일을 하기 위해 비싼 차를 마시는 것을 보고 돈을 낭비한다고 오해하는 수도 있다. 이 경우는 순리를 따라 행동한 것으로 스스로 드러내거나 자랑한 것이 아닐 수 있다. 앞부분의 '企'자는 '企業'의 '企'자로도 쓰이고 '跨'자는 중국어에서 '跨國'이라고 하면 나라와 나라 간, 즉 '글로벌'의 뜻이 되므로 앞 두 구절은 크게 사업을 일으키고 국제적으로 넓게 움직이는 현대의 모험적인 현상에 대해 부정적인 시각을 보이는 노자의 소극적인 견해라고 하겠다. 이것을 극복하려면 어떤 일을 추구할 때 노자의 자연 제일주의 사상을 받아들이면서도 그 기반위에서 잘 설 수 있도록 추진해야 하겠다.

도는 절로 그러한 자연을 본받는다

> 有物混成, 先天地生. 寂兮寥兮, 獨立而不改, 周行而不殆,
> 可以爲天下母. 吾不知其名, 字之曰道, 强爲之名曰大. 大曰
> 逝, 逝曰遠, 遠曰反. 故道大, 天大, 地大, 人亦大. 域中有四
> 大, 而人居其一焉. 人法地, 地法天, 天法道, 道法自然.

제25장

어떤 혼연히 이루어진 것이 천지가 생겨나기 전에 생겨났다. 고요하고 쓸쓸하나 홀로 서서 바뀌지 않는다. 두루 운행하여도 위태로움이 없어 천하의 어머니라 할 만하다. 나는 그것의 이름을 모르나 자를 붙여 도라 부르고 억지로 이름 붙여 대(大)라 한다. 광대무변하니 끊임없이 가고 끊임없이 가니 멀어지고 멀어지니 돌아온다. 그러므로 도가 크고 하늘이 크고 땅이 크고 사람도 역시 크다. 우주에 큰 것이 넷 있는데 사람이 그중에 하나이다. 사람은 (공평히 싣고 있는) 땅을 본받고 땅은 (공평히 덮고 있는) 하늘을 본받고 하늘은 (만물을 기르되 주인이 되지 않는) 도를 본받고 도는 스스로 그러한 자연을 본받는다.

여기에서도 도의 혼연한 상태를 다시 말하였다. 거기에 덧붙여 도의 운행에 대해 언급하였다. 광대무변한 가운데 끊임없이 가서 멀어지나 순환의 법칙에 따라 멀어졌다가 다시 돌아온다. 노자는 드넓은 우주에 큰 것으로 도와 하늘과 땅과 사람을 꼽았다. 그런데 사람은 땅을 본받고 땅은 하늘을 본받고 하늘은 도를 본받고 도는 자연을 본받는다 하였으니 절로 그러한 자연을 도보다 앞선 가장 근원적인 것으로 본 것이다. 굳이 산천초목과 사시사철을 자연이라 말하지 않아도 아침에 일어나면 어제와 같은 모습으로 지속되는 나와 곁에 있는 일상 속의 사물들은 결국 자연이라 할 수 있고 늘 그렇게 스스로 존재하는 자연이 도에 앞선 것이라는 것이다. 이렇게 볼 때 집안에서 이리저리 움직이고 뭔가를 하는 것은 자연의 법칙을 따라 도가 행해지는 것인 셈이다.

한자풀이

[混(혼)] 섞이다

[寂(적)] 고요하다, 적막하다, 쓸쓸하다, 열반

[寥(료)] 쓸쓸하다, 텅 비다, 광활하다

[周(주)] 두루

[逝(서)] 가다, 세상을 떠나다

[遠(원)] 멀다

[反(반)] 돌이키다, 되돌아가다, 되풀이하다

[域(역)] 지경, 한정된 지역

[法(법)] 법, 모형, 불교의 진리, 본받다

천지가 생기기 전에 천하의 어머니라 할 도가 생겼다고 하였는데 도를 여성적 존재로 본 것이다. 기독교에 따르면 여호와신이 천지를 창조하였다 하였는데 노자사상에서는 혼연한 상태의 도가 천지를 낳은 것처럼 보고 있다. 가장 먼저인 것이 스스로 존재하는 자연(이 말은 스스로 존재하는 하느님과 같다)이고 그것을 도가 본받았고 공평히 덮어주는 하늘이 또 도를 본받았고 잘 실어주는 땅이 또 하늘을 본받았다. 사람은 땅을 본받았다고 보았는데 땅에 발을 붙이고 중력의 법칙에 따라 사는 사람은 하늘이 덮어주고 땅이 실어주는 공간에서 사는 것이다. 천지라고 땅과 하늘로 이분화한 것은 사실 미흡한 면이 있다. 세상의 많은 부분이 물과 하늘로 되어 있기 때문이다. 물의 유약한 특성을 강조하면서도 하늘과 땅으로 이분화하고 청과 탁의 개념으로 논리를 전개하는 것은 문제가 있다.

第26章
성인은 무겁고 고요하게 처신한다

重爲輕根, 靜爲躁君. 是以聖人終日行, 不離輜重, 雖有榮觀, 燕處超然. 奈何萬乘之主, 而以身輕天下? 輕則失根, 躁則失君.

제26장

무거움은 가벼움의 뿌리이고 고요함은 시끄러움의 군주이다. 이 때문에 성인은 종일토록 가도 무거운 짐에서 떨어지지 않고 비록 멋진 광경이 있어도 편안히 거하며 초연하다. 어찌 만 대의 수레의 주인인 자가 그 몸으로 천하를 가벼이 대하겠는가? 가벼운 즉 뿌리를 잃게 되고 떠들어대면 군주의 자리를 잃게 된다.

해제

성인의 행동거지가 무겁고 고요함을 말하였다. 편안하고 초연한 마음은 가볍고 들뜬 상태에서 도달하기 어렵다. 가볍게 기분 내키는 대로 행하다 보면 뿌리인 도에서 멀어진다. 시끄럽게 마구 떠들어대면 주된 생각을 잊어버리게 된다.

[躁(조)] 조급하다, 떠들다, 시끄럽다

[輜(치)] 짐수레, 輜重은 말이나 수레 따위에 실은 짐

[榮觀(영관)] 무성한 모양, 멋진 누각

[燕(연)] 연회, 즐겁게 하다, 편안하다

[超然(초연)] 초연하다

[奈何(내하)] 어찌, 어떻게

[萬乘之主(만승지주)] 만 대의 수레를 거느리는 천자

Review

땅의 법칙을 본받는 성인은 행동거지를 무겁고 고요하게 한다. 맑고 고요함을 많이 강조하였는데 그것은 마음 상태인 것이고 여기서 무거움은 행동상의 무거움이다. 가벼우면 뿌리를 잃게 된다는 말은 가볍게 마음 내키는 대로 행동하다 보면 일이 뒤죽박죽이 되는 것에서도 잘 알 수 있다.

무겁게 처신하고 고요함을 지키는 것과 가볍고 시끄러운 것은 한편 남성성과 여성성에 비교해볼 수 있다. 그렇게 볼 때는 처세에 있어 성인에게 남성다움을 더 강조한 것으로 해석할 수 있다. 그러나 남성성 여성성을 떠나 내성적인 성격은 무겁고 고요한 성품이라고 할 수 있다.

성인에게는 드러나지 않는 총명함이 있다

善行無轍迹, 善言無瑕讁, 善數不用籌策, 善閉無關楗而不可開, 善結無繩約而不可解. 是以聖人常善救人, 故無棄人, 常善救物, 故無棄物. 是謂襲明. 故善人者, 不善人之師. 不善人者, 善人之資. 不貴其師, 不愛其資, 雖智大迷. 是謂要妙.

제27장

잘 가는 사람은 수레 자취를 남기지 않고, 잘 말하는 사람은 흠이 없고, 셈을 잘하는 사람은 주판이 필요 없고, 잘 닫힌 문은 빗장이 없어도 열 수 없고, 잘 지은 매듭은 끈으로 묶지 않았어도 풀기가 어렵다. 이 때문에 성인은 늘 사람을 잘 구제하여 사람을 버리지 않고 늘 만물을 잘 구제하여 만물을 버리지 않는다. 이것을 일러 습명(襲明, 밝음을 잘 이음. 드러나지 않는 총명함)이라 한다. 그러므로 선한 사람은 선하지 않은 사람의 스승이고 선하지 않은 사람은 선한 사람의 자본이다. 그 스승을 귀히 여기지 않거나 그 자본을 아끼지 않음은 비록 지혜롭다 하더라도 크게 미혹된 것이다. 이것이 요긴하고 오묘한 도리이다.

이치에 맞는 비유를 들어 성인의 만물에 대한 태도를 말하였다. 빗장이 없어도 안으로 잘 닫힌 문은 겉으로 닫힌 것이 드러나지 않으므로 드러나지 않은 총명함이 될 수가 있다. 사람과 만물을 구제하는 성인은 드러나지 않은 총명함을 지니고 있다. 서양문화에서 신이 인간을 정세하게 돌보아주신다고 믿는 것과 비교해볼 수 있다. 성인, 즉 선한 사람은 그렇지 못한 사람의 스승인데 그 스승을 귀히 여기지 않으면 미혹된 것이라는 것이다. 선하지 않은 사람은 선한 사람의 자본이라는 말은 이른바 공자가 "세 사람이 가면 그중에 반드시 나의 스승이 있다(三人行, 必有我師焉.)" 한 것처럼 선하지 못한 자에게서도 배울 점이 있다는 말로 생각해 볼 수 있다. 즉, 선하지 않은 자의 본보기를 선한 사람이 자본으로 삼고 아낀다는 뜻으로 생각해 볼 수 있다.

한자풀이

[轍迹(철적)] 轍은 수레바퀴, 迹은 자취

[瑕謫(하적)] 瑕는 옥의 티, 謫은 책망하다, 결점, 허물

[籌策(주책)] 籌는 산가지, 策은 꾀, 점대. 籌策은 셈을 하는 주판

[閉(폐)] 닫다

[關楗(관건)] 關은 빗장, 楗은 문빗장

[繩約(승약)] 繩은 노끈, 約은 묶다

[救(구)] 구제하다

[襲明(습명)] 襲은 잇다, 인하다, 인습. 明은 밝음

[資(자)] 재물, 자본, 바탕, 도움

[要妙(요묘)] 요긴한 오묘함

Review

성인은 무겁고 고요히 처신하므로 어떤 일을 잘 하면서도 겉으로 드러나지 않을 수가 있다. 드러나지 않는 총명함으로 만물을 잘 구제할 수가 있다. 여기서 성인을 자기 자신으로 본다면 자기를 잘 구제할 수 있어야 한다. 또한 선한 사람을 스승으로 여기고 선하지 않은 사람은 그를 통해 배울 수 있는 자본으로 여긴다. 차분하고 반성적인 자세로 잘 살피므로 어디에서나 깨우침을 얻을 수가 있다. 이것은 하나의 사유방법론(Thinking theory)이다. 선의 논리로 모든 것을 해석하면 선하지 못한 사람에게서도 선함을 깨우친다. 기독교에서 신의 피조물인 인간은 다 선한 존재라고 보는 것처럼 선의 논리로 모든 것을 해석하면 사람이 내뱉는 나쁜 말도 한마디도 버릴 것이 없게 된다. 이 같은 논리를 활용하면 주객관적으로 현실 속에서 성공하지 못했다고 생각하는 사람도 아Q식 정신승리법으로 모든 것을 해석하여 만족감을 얻을 수 있다.

천하의 계곡이 되면 불변의 덕이 족하여져서 순박한 통나무 상태로 되돌아간다

知其雄, 守其雌, 爲天下谿. 爲天下谿, 常德不離, 復歸於嬰兒. 知其白, 守其黑, 爲天下式. 爲天下式, 常德不忒, 復歸於無極. 知其榮, 守其辱, 爲天下谷. 爲天下谷, 常德乃足, 復歸於樸. 樸散則爲器, 聖人用之, 則爲官長. 故大制不割.

제28장

수컷의 힘을 알면서도 (유약한) 암컷 됨을 지키면 천하의 골짜기물이 된다. 천하의 골짜기물이 되면 불변의 덕이 떠나지 않고 갓난아이 같은 순박한 자연으로 되돌아간다. 흰 것의 밝음을 알고도 검은 것을 지키면 천하의 법식이 된다. 천하의 법식이 되면 불변의 덕이 어긋나지 않고 무극으로 되돌아간다. 영광을 알고도 욕됨을 지키면 천하의 계곡이 된다. 천하의 계곡이 되면 불변의 덕이 족하여져서 순박한 통나무 상태로 되돌아간다. 통나무가 흩어져서 기물이 되고 성인이 그것을 사용하면 벼슬아치와 우두머리가 생겨나는 것이다. 그러므로 큰 정치는 (본래 인위적으로) 쪼개지 않는다.

이 장에서는 또 연약한 여성성과 갓난아이 같은 순박함을 강조하
였다. 순박한 것은 도보다 앞서는 자연이다. 흰 것의 밝음을 알고도
검은 것을 지킨다는 것은 검은 것, 아마 음양론으로 볼 때에는 음에
해당하는 쪽을 지키는 것이 천하의 법식인 도에 합치된다는 것이다.
영광이나 욕됨의 분별을 알면서도 욕됨을 지키면 낮은 계곡이 되고
천하의 덕이 되어 순박한 통나무 상태가 된다. 그것이 흩어져 기물
이 되면 성인은 그것을 사용하여 백관으로 삼는다. 이것은 낮추고
낮추어 도에 합치되는 상태가 되면 가장 순박한 상태가 되고 다듬지
않은 통나무가 된다는 것으로 그 통나무 상태를 좋게 본 것이다. 이
같은 통나무 상태를 성인이 기물로 활용하면 백관이 되는 것인데 여
기서 통나무를 활용하는 성인은 하느님과 같은 존재이다. (통나무의
활용과 관련하여 참고로 고대 중국에는 나무 인형과 흙 인형 이야기
가 보이는데3) 『구약성서』「창세기」에서 흙으로 인간을 만들었다는
것과 달리 중국에서는 나무로 사람을 만들었다고 생각한 견해도 있
었던 것이라 추정된다. 마지막에서 큰 정치는 인위적으로 쪼개지 않
는다고 한 것은 하느님이 세상을 자연스럽게 다스리는 것에 정치를
비유한 셈이다. 검은 것이나 욕됨을 지킨다는 말이 같은 차원의 말
로 쓰였는데 그것은 도를 따르는 것이고 그 사상을 예술에 반영한

---

3) 『사기(史記)』「맹상군전(孟嘗君傳)」에 "맹상군이 장차 진나라에 들어가려 할 때 소대가 일
러 말하기를 '나무 인형이 흙 인형에게 말하기를 〈날씨가 비가 내리면 그대는 장차 뭉그러
질 것이다〉 흙 인형이 말하기를 〈나는 흙에서 태어났으니 뭉그러지면 곧 흙으로 돌아가는
것이다. 이제 비가 내려 그대를 흘러 다니게 만든다면 멈추어 쉴 곳을 모를 것이다〉라 하였
다' 하니 맹상군이 이에 멈추었다(孟嘗君將入秦, 蘇代謂曰, 木偶人語土偶人曰, 天雨, 子
將敗矣, 土偶人曰, 我生于土, 敗則歸土, 今天雨流子而行, 未知所止息也, 孟嘗君乃止)."

예로 중국 전통 그림인 수묵화에서 검은색을 즐겨 쓰는 것을 들 수 있다(『신체, 사상과 수행』, 周與沉 저).

한자풀이

[雄(웅)] 수컷

[雌(자)] 암컷

[谿(계)] 시내, 시냇물, 산골짜기

[忒(특)] 틀리다, 어긋나다, 새롭게 고쳐지다

[辱(욕)] 욕됨

[散(산)] 흩어지다

[器(기)] 그릇, 기물

Review

여러 번 강조하였듯이 자기를 낮추어 유약하게 처신하여 천하의 계곡이 되면 덕이 완전하여져서 어린아이같이 순박하게 되고 그것은 결국 자연의 순박한 통나무 상태로 돌아감과 같다. 본래 통나무 상태인 것을 성인이 기물로 다듬어 쓴다는 이야기는 정치에 관련하여 한 말이다. 하지만 역시 인간과 신의 관계로 확대 해석해볼 수 있다. 『열자』에 『황제서』를 인용하여 말하기를 "지극한 경지에 도달한 사람은 조용히 앉아 있을 때에는 죽은 사람과도 같고 행동할 때에는 나무 인형과도 같다"라고 하였는데 소박한 통나무로 돌아간다는 이야기는 지극한 상태로 돌아감과 같고 죽은 사람처럼 욕심을 버리고 나무 인형처럼 무심하게 행동한다는 이야기와 일맥상통한다. 이러한 무심한 나무 인형을 현대에 비유해보면 로봇에 비유해볼 수 있겠다.
기독교에 비유하면 욕심을 버린 나무인형은 천사와 같고 하느님이
그 천사를 부리는 것과 비슷하다고 하겠다. 흰 것의 밝음이나 영광
등은 현실세계 속의 눈부시게 빛나는 성공에 비유할 수 있는데 노자
는 그렇게 함으로써 자유를 누리는 쪽을 택하지 않고 자유를 포기함
으로써 자유를 누리는 쪽을 택한 감이 있다.

第29章

천하는 신묘한 기물로서 인위적인 행위로 얻을 수 없다

將欲取天下而爲之, 吾見其不得已. 天下神器, 不可爲也, 不可執也. 爲者敗之, 執者失之. 故物或行或隨, 或歔或强或羸, 或載或隳, 是以聖人去甚, 去奢去泰.

제29장

장차 천하를 가지려고 인위적으로 행하는 자는 내 그 얻지 못함을 볼 따름이다. 천하는 신묘한 기물로서 인위적으로 할 수 없고 인위적으로 잡을 수 없다. 인위적으로 하는 자는 그것을 망치고 인위적으로 잡는 자는 그것을 잃는다. 그러므로 만물은 어떤 것은 가고 어떤 것은 따르며 어떤 것은 흐느끼고 어떤 것은 내뿜고 어떤 것은 강하고 어떤 것은 파리하고 어떤 것은 싣고 어떤 것은 무너진다. 이 때문에 성인은 심한 것을 떠나고 사치를 떠나고 자만을 떠난다.

해제

도가 말로 구체화할 수 없이 황홀한 것처럼 천하란 존재도 신묘한 것으로 구체적으로 소유할 수가 없다. 그것을 인위적으로 대하거나 인위적으로 잡는 것이 뜻대로 될 수가 없다. 만물은 상대적으로 다양한 양상을 보이며 존재하고 끊임없이 변화하므로 그것을 억지로 붙들려고 하지 않아야 되고 사치를 부리거나 자만심을 갖지 말아야 된다는 것이다. 이 말은 천하라는 공간적 개념에도 해당되지만 과거, 현재, 미래라는 시간적 개념에도 해당되는 말이다. 과거, 현재, 미래를 확고하게 붙들어 두기란 쉽지 않은 것이다.

한자풀이

[將(장)] 장차
[神(신)] 귀신, 신령, 정신, 혼, 불가사의한 것
[敗(패)] 패하다, 부수다, 해치다
[歔(희)] 흐느끼다, 두려워하다
[吹(취)] 입김을 불다, 과장하다, 부추기다, 퍼뜨리다
[贏(영)] 파리하다
[載(재)] 싣다
[隳(휴)] 무너뜨리다
[甚(심)] 심하다
[奢(사)] 사치하다, 분에 넘치다, 오만하다
[泰(태)] 크다, 편안하다, 교만하다

Review

천하는 신묘한 기물로서 인위적으로 할 수 없고 인위적으로 가질

수가 없다. 이것은 인간관계에서도 느껴볼 수가 있다. 인위적으로 사람을 사랑할 수가 없고 인위적으로 사랑을 소유할 수가 없다. 인위적인 행위는 망치고 인위적으로 잡으면 잃게 된다. 또한 아직까지 인위적으로 친부모자식관계가 생성되었다는 말이 없다. 자연적으로 아이를 생산하지 않고도 친부모자식관계로 만들려면 흙으로 사람을 만들었다는 동서양 고래의 창조신화처럼 신과 인간관계의 도, 또는 노자의 자연의 도를 터득하여 절로 생성된 것과 같게 하여야 하지 않을까?

　자연의 현상은 상대적이고 변증법적 변화양상을 보이므로 어느 한 현상이 있을 때 거기에 편승하여 심하게 행동하지 않고 순리를 따르는 것이 좋다는 뜻으로 해석된다. 중용의 도를 지킨다는 뜻으로도 볼 수 있다.

장성하면 노쇠해지는데 이것은 도에서 벗어난 것이다

以道佐人主者, 不以兵强天下. 其事好還. 師之所處, 荊棘
生焉. 大軍之後, 必有凶年. 善者果而已, 不敢以取强. 果而勿
矜, 果而勿伐, 果而勿驕. 果而不得已, 果而勿强. 物壯則老,
是謂不道. 不道早已.

제30장

　도로써 군주를 돕는 자는 군대로써 천하를 강압하지 않는다. 그것
은 쉽게 되갚음을 부른다. 군대가 머문 곳에는 가시덤불이 자란다.
큰 전란 후에는 반드시 흉년이 든다. 군대를 잘 활용하는 자는 효과
만 볼 뿐이지 감히 그로써 강압을 취하지 않는다. 효과를 보고도 자
긍심을 갖지 말라. 효과를 보고도 자랑하지 말라. 효과를 보고도 교
만하지 말라. 효과를 보고도 부득이한 것처럼 하고 효과를 보고도
강해지지 말라. 만물은 장성하면 노쇠해지는데 이것을 도에 합치되
지 않는다 한다. 도에 합치되지 않으면 일찍 멸한다.

이 장은 병법서의 각도에서 논지를 폈는데 군주 자신보다 군주를 돕는 자의 자세를 말하였고 군주를 돕는 자는 군대를 활용하되 천하를 강압하지 않아야 한다고 하였다. 군대를 써서 효과를 보고도 자랑하지 말고 강해지지 말아야 한다. 강해지는 것은 곧 장성하는 것이고 장성하면 노쇠해지므로 이는 도에 합치되지 않고 일찍 멸하는 것이기 때문이다. 생로병사는 자연의 도이지만 노자는 장성하여 쇠하는 것이 도에 합치되지 않는다고 말하였다. 이것은 일찍 쇠하는 것을 경계하기 위하여 먼저 장성해지지 말 것을 강조한 것으로 해석해야 할 것이다.

한자풀이

[佐(좌)] 돕다

[兵(병)] 병사, 병기, 군대, 전쟁

[還(환)] 돌아오다, 갚다, 회전하다

[師(사)] 스승, 군대, 신령, 전문적인 기예를 닦은 사람

[荊棘(형극)] 나무의 가시, 고난의 길을 비유

[凶年(흉년)] 흉년

[果(과)] 실과, 열매, 결과, 강신제(내림굿), 관

[而已(이이)] ~할 따름이다, 한정형 어미

[勿(물)] 말다(금지형)

[壯(장)] 장하다, 굳세다, 기세가 좋다, 웅장하다

[已(이)] 이미, 그치다

군대는 인위적인 힘이다. 큰 전란일수록 후유증이 크다. 군대로써 효과를 보았어도 자랑하면 안 되는 것이다. 만물은 장성하면 노쇠해진다는 말은 인위적인 무력의 힘이 노쇠를 부른다는 말과 같다. 노자는 장성하면 곧 노쇠해진다고 보았고 그것은 도에 합치되지 않는 것으로 보았다. 이 이야기는 모두 주로 신체상의 이야기이다. 마음의 힘은 아니다. 혹시 강한 남자가 유약한 여자보다 자연수명이 짧은 것은 바로 이런 신체상의 힘이 강해서인지도 모르겠다.

효과를 볼 뿐 그로써 강압하지 않는다는 말은 '잘 달리는 말은 채찍만 들어도 달린다'는 중국의 속담이나 약물에 있어서의 플라시보 효과 같은 것에 비교해 생각해 볼 수 있다.

第31章
병기를 써서 승리한 것은 찬미할 일이 아니다

夫佳兵者不祥之器, 物或惡之, 故有道者不處. 君子居則貴
左, 用兵則貴右. 兵者不祥之器, 非君子之器, 不得已而用之,
恬淡爲上. 勝而不美, 而美之者, 是樂殺人. 夫樂殺人者, 則不
可得志於天下矣. 吉事尙左, 凶事尙右. 偏將軍居左, 上將軍居
右. 言以喪禮處之. 殺人之衆, 以悲哀泣之, 戰勝以喪禮處之.

제31장

홀륭한 병기는 상서롭지 못한 기물로 만물이 그것을 싫어하므로
도가 있는 사람은 그것을 멀리한다. 군자는 평상시에는 왼쪽을 귀히
여기고 병기를 씀에는 오른쪽을 귀히 한다. 병기란 상서롭지 못한
것으로서 군자의 기물이 아니다. 부득이하여 그것을 써도 평온하고
담담하게 목적만 달성하는 것이 최고이다. 이겨도 찬미하지 않으니
그것을 찬미하는 자는 사람 죽이는 것을 즐기는 자이다. 무릇 사람
죽이기를 즐기는 자는 천하에서 뜻을 얻을 수 없다. 길한 일은 모두
왼쪽 편을 높이고 흉사는 모두 오른쪽 편을 높인다. 전쟁 시 부장군
이 왼쪽에 자리 잡고 상장군이 오른쪽에 자리 잡는 것은 그것을 상

례처럼 대하였음을 말해준다. 많은 사람을 죽였으니 비애로써 그것을 슬퍼하고 승리하더라도 상례로써 처리한다.

해제

여기서는 만물과 사람을 해치는 병기를 꺼릴 것을 강조하고 사람을 죽이는 것을 경계시켰다. 자연에 따라 생로병사 하는 것이 아니라 인위적 전쟁으로 사람이 죽는 경우 그에 대한 대처법은 부득이 인위적인 예로써 처리하는 것이다. 중국의 전통에 왼쪽 자리가 상석인데 여기에서 길한 일은 왼쪽 편을 높인다 하였다. 흉사는 오른쪽 편을 높인다고 하였는데 오른손 잡이가 많은 동양인은 오른손으로 도구를 사용할 때가 많은데 이는 기본적으로 상서로운 일이 아닌 셈이다.

한자풀이

[佳(가)] 아름답다, 훌륭하다

[祥(상)] 상서롭다

[恬淡(염담)] 욕심이 없고 담백함. 이익을 탐내는 마음이 없음. 恬은 편안할 념, 淡은 담백할 담

[勝(승)] 이기다

[樂(락)] 즐길 락, 좋아할 요

[殺(살)] 죽이다

[得志(득지)] 뜻을 얻다

[吉(길)] 길하다, 상서롭다, 착하다

[凶(흉)] 흉하다

[偏將軍(편장군)] 偏將, 옛날 대장의 아래에 딸린 부하장수

[喪禮(상례)] 상제(喪制)로 있는 동안에 행(行)하는 모든 예절(禮節)

[悲哀(비애)] 비애, 슬픔

[泣(읍)] 울다

[戰勝(전승)] 전쟁에서 승리하다

Review

앞 장의 말을 이어 무력으로 승리하는 것을 좋지 않게 보았고 이 겨도 찬미하지 말아야 한다고 하였다. 전쟁에서 사람을 죽인 것은 승리여도 상례로 처리해야 한다는 것이다. 길한 일은 왼편을 높인다 고 하였는데 중국의 전통상 상객은 수레의 왼편 좌석에 태운다. 수 묵화를 그릴 때에는 오른손잡이 문화에 따라 그 화법이 오른손에 맞 게 개발되어 있다. 병기뿐 아니라 붓이나 수저나 기물들을 쥐고 사 용할 때에 동양에서는 주로 오른손을 많이 쓰는데 이것은 무력을 사 용하는 셈일까? 스님의 가사가 왼쪽 가슴을 감싸고 오른편 가슴은 드러내는 것은 길한 것을 높인 것일까? 생각해 볼 일이다. 중국에서 는 남녀가 나란히 갈 때도 男左女右(남좌여우)라는 원칙을 따른다. 이것은 남존여비사상일까? 역시 생각해 볼 일이다.

第32章
멈춤을 알아야 위태롭지 않다

道常無名, 樸雖小, 天下莫能臣也. 侯王若能守之, 萬物將自賓. 天地相合, 以降甘露, 民莫之令而自均. 始制有名, 名亦旣有, 夫亦將知止, 知止所以不殆. 譬道之在天下, 猶川谷之與江海.

제32장

도는 (텅 비어) 영원히 이름이 없으며 소박하고 비록 작더라도 천하에 아무것도 그것을 부릴 자가 없다. 왕들이 그것을 잘 지킨다면 만물이 장차 절로 따를 것이다. 천지가 서로 합쳐 단 이슬을 내리니 사람들이 명령하지 않아도 절로 고르게 된다. (도도 이와 같아) 처음 만물이 지어졌을 때 이름(명분, 지위 등)이 생겨났고 이름이 생긴 후에 또한 장차 멈춤(본분을 지킴)을 알아야 했으니 (왕들이) 멈춤을 알아야 (국가가) 위태롭지 않다. 도가 천하에 있음을 비유하자면 시내와 계곡이 (그 귀속처인) 강과 바다와 더불어 있음과 같다.

항상 있는 도는 이름 붙일 수 없고 소박하여 아주 작을 수 있지만 천하에 그것을 부릴 수 있는 자가 없고 왕들도 그것을 잘 지키면 만물이 따르게 된다는 것이다. 사람이 명령하지 않아도 천지자연은 절로 고르게 되는 것처럼 도에 따르는 것이 만물을 고르게 한다. 예를 들면 『구약성서』 「창세기」에서 아담이 여호와의 창조물에 이름을 붙인 것 같이 만물이 지어졌을 때 이름이 생겨났고 그로부터 본분을 지키는 멈춤이 있게 되었으니 만물은 그 본분을 지켜야 위태롭지 않다는 것이다. 만물은 이같이 본분을 지니고 그 귀속처인 도와 함께 더불어 있다.

한자풀이

[臣(신)] 신하, 어떤 것에 종속됨, 신하로 삼다

[侯王(후왕)] 한 나라의 왕, 조그마한 나라의 왕

[若(약)] 만약

[守(수)] 지키다

[賓(빈)] 손님, 복종하다, 따르게 하다, 인도하다

[降(강)] 내리다

[甘露(감로)] 단 이슬

[均(균)] 고르다

[制(제)] 절제하다, 억제하다, 금하다, 짓다, 만들다, 천자의 말

[旣(기)] 이미

[知止(지지)] 멈춤을 알다

[殆(태)] 위태롭다

[譬(비)] 비유하다

[猶(유)] 오히려, 같다

Review

앞의 두 장에서 전쟁 이야기를 하고 이 장에서 멈춤의 도를 말하
였으니 서로 다투는 과열경쟁에 관련하여 멈춤을 이야기한 감이 있
다. 다스리는 왕들은 멈춤을 알아야 국가가 위태롭지 않다. 천지가
서로 합쳐 단 이슬을 내리는 것처럼 다스린다면 인위적 명령이 없이
도 자연스럽게 세상이 다스려질 수 있는 것이다. 흔히 노자가 살았
던 춘추시대는 전국시대보다 더 어지럽게 수많은 제후국가들의 겸병
전쟁이 심했던 때로 이야기된다. 그런 시대상황 속에서 노자는 각
제후국들이 본분을 지키고 전쟁을 멈추어야 한다고 말한 것이다. 서
로 도가 넘치게 싸우기보다는 소박하고 작은 도를 지키면 그것이 큰
작용을 하여 천하가 잘 돌아갈 것이라고 보았다. 만물이 처음 지어
졌을 때의 본래의 본분을 지켜야 한다고 주장한 점은 유가에서 정립
한 정명(正名)사상(군주는 군주답고, 신하는 신하답고, 아비는 아비답
고, 자식은 자식다워야 한다)과도 통하는 논지이다. 끝 구절의 '도가
천하에 있음을 비유하자면 시내와 계곡이 (그 귀속처인) 강과 바다와
더불어 있음과 같다'는 말은 창조의 신을 말한 것은 아니지만 기독
교에서 신의 창조와 명령으로 바다가 늘 제자리를 지키고 있다는 말
과 상통한다.

第33章
자기를 아는 자는 밝고 강하다

知人者智, 自知者明. 勝人者有力, 自勝者强. 知足者富, 强行者有志. 不失其所者久, 死而不亡者壽.

제33장

남을 아는 자는 지혜로우나 자기를 아는 자는 밝다. 남을 이기는 자는 힘이 있으나 스스로를 이기는 자는 강하다. 족함을 아는 자는 부유하고 억지로 강행하는 자는 의지가 있다. 그 있어야 할 곳을 떠나지 않는 자는 오래가고 몸은 죽었어도 도가 남은 자는 장수한다.

해제

노자는 남을 아는 것이나 남을 이기는 것보다 자기를 알고 자기를 이기는 것을 더 높이 본다. 그렇게 자기 마음을 조절하는 입장에서는 족한 마음을 가지면 가진 것이 소박해도 부유할 수가 있다. 또 억지로 강행하는 것을 좋지 않게 본다. 있어야 할 곳을 떠나지 않는다는 것도 순리에 따르는 것이고 그러면 오래가게 된다. 몸은 죽었

어도 도가 남은 자는 장수한다는 말은 한 예로써 '예술은 길고 인생
은 짧다'는 말을 들어볼 수가 있을 것이다.

Review

밖에서 얻음으로써 부유하고 강해지기보다 자기 자신을 알고 이기
는 것이 더 밝고 강하다는 이야기이다. 즉, 남과 다투는 방법보다 자
기를 지키고 자기의 욕심을 줄이는 것이 더 족해질 수 있다는 논리
이다. 이는 한편 불교에서 '참 나'를 찾는 것과 비교해볼 수도 있다.
속세에서 '참 나'를 찾는 것도 하나의 구도의 길이다. 자기 자신을
알고 이기기를 권하는 것은 욕심을 자제하라는 차원의 말이다. 스스
로 나서지 않아도 자연의 도가 다 고르게 베풀어준다는 기본개념과
같이 인위적 투쟁으로 얻는 것보다 자연적 평화상태로의 정주를 지
향하는 말이다. 따라서 소박하게 있어야 할 곳, 즉 본분을 지키는 것
이 오래가는 방법이 된다. 그러나 본분이 무엇이냐고 생각하는 것은
사람마다 다를 수 있다.

몸은 죽었어도 도가 남은 자는 장수한다는 것은 예술뿐 아니라 여러 방면에서 생각해 볼 수 있다. 오늘날에도 조상에게 제사를 지내는 것은 조상의 몸이 현실계에 없지만 조상을 모시는 도에 따라 제사를 지내는 것이다. 또 현존하는 만유에서도 장수하는 것을 찾을 수 있고 태초의 언어가 현대에 남아 있는 것을 볼 수 있다.

第34章
큰 도는 만물을 기르나 욕심이 없으므로 작다고도 할 수 있다

大道氾兮, 其可左右. 萬物恃之而生而不辭, 功成而不有,
衣養萬物而不爲主. 常無欲, 可名於小, 萬物歸焉而不爲主,
可名爲大. 以其終不自爲大, 故能成其大.

제34장

큰 도가 흘러넘치네, 좌로도 우로도 흘러넘치네. 만물이 그에 의지하여 자라도 물리치지 아니한다. 공을 이루어도 차지하지 않고 만물을 입히고 기르면서도 주인 노릇을 하지 않는다. 항상 욕심이 없으니 작다고 이름 할 수 있다. 만물이 그에 돌아가되 주인 노릇을 않으니 크다고 이름 할 수 있다. 그것이 끝내 스스로를 크게 여기지 않으니 그러므로 능히 그 큼을 이룰 수 있다.

해제

도는 본래 현묘하고 작을 수도 있지만 그 쓰임은 광대무변하다. 그래서 좌우사방으로 흘러넘치며 만물을 생장시킨다. 만물을 길러내는 도는 욕심이 없으니 작다고 할 수 있고 또 만물의 주인노릇을 하지 않으니 크다고도 말할 수 있는 것이다. 언어유희 같지만 스스로 크다고 자각하지 않으므로 능히 큼에 이른다는 것이다.

한자풀이

[氾(범)] 넘치다, (물에)뜨다, 넓다
[恃(시)] 믿다, 의지하다, 자부하다, 어머니
[辭(사)] 말씀, 알리다, 사퇴하다, 타이르다, 사양하다
[衣(의)] 옷, 여기서는 명사가 동사적 용법으로 쓰여 '옷을 입히다'의 뜻
[養(양)] 기르다
[終(종)] 마치다, 끝내

Review

큰 도가 흘러넘친다 하였으나 이것은 보이지 않는 것을 표현한 것으로 불교에서 말하는 '有常에 취해 無常을 모른다'는 말처럼 우리는 항상 눈에 보이는 세계에 취해 노자가 말하는 도가 만물을 길러주고 입혀주고 있음을 잊고 산다. 만물을 길러 주면서도 욕심이 없으므로 작다고도 할 수 있고 만물이 그에 돌아가므로 크다고도 할 수 있다고 하였는데 인간은 일상의 보이는 세계에 취해 살면서도 때로 작은 것을 통해서 유상의 큰 세계가 무상함을 깨달을 수 있다. 도스토예프스키의 『죄와 벌』에서 전당포 할머니를 살해한 라스코르니코프가 끊임없이 죄의식을 느끼는 것처럼 인간은 궁극적으로 보이

지 않지만 편재하는 신의 존재 또는 노자가 말하는 만물을 길러주는 도의 은혜를 느낄 수가 있다. 집안에서도 사소한 이변의 감지를 통해 그 이변을 감싸고 있는 확고한 집이라는 현실계와 함께 광대무변의 도가 있음을 추론할 수 있다. 이름이 있는 신에게 구속받기 싫은 사람도 사시사철 변화하며 만물을 길러주는 이 자연의 도의 존재를 인정하지 않을 수 없을 것이다.

第35章
큰 도는 천하를 움직이나 담담하고 보이지 않는 것이다

> 執大象, 天下往. 往而不害, 安平太. 樂與餌, 過客止. 道之
> 出口, 淡乎其無味, 視之不足見, 聽之不足聞, 用之不足旣.

제35장

큰 형상을(대도를) 잡고 있으면 천하가 그리로 간다. 가도 해를 끼치지 않으니 (천하가) 원시처럼 편안하다. 즐거운 음악과 맛있는 음식은 지나는 손님의 발길을 멈추게 한다. 그러나 도를 말로 나타내면 담담하여 아무 맛도 없고 보아도 보이지 않으며 들어도 들리지 않고 써도 다함이 없다.

해제

앞 장에서 도는 작을 수도 있고 클 수도 있다고 했는데 천하라는 큰 형상을 잡고 있으면 천하가 그리로 가나 도란 자연의 도이므로 천하에 해를 끼치지 않는다. 이 자연의 도는 사람을 미혹시키지 않는 담담한 것이다. 맛도 없고 보이지도 않고 들리지도 않는 무궁무진한 것이다. 맛과 보이는 것과 들리는 것에 미혹되면 도를 잃은 셈이다.

한자풀이

[執(집)] 잡다

[往(왕)] 가다

[害(해)] 해롭다

[太(태)] 크다, 최초, 심하다, 매우

[樂(악)] 음악

[餌(이)] 미끼, 먹이, 경단, 음식

[過客(과객)] 지나는 손님

[旣(기)] 이미, 원래, 다 없어지다/쌀 희

Review

자연의 도는 우리가 감각할 수 있는 가장 큰 도이다. 이 자연의 대도가 천하를 움직인다. 그것은 자극적이거나 인위적이지 않고 담담할 따름이다. 보아도 보이지 않고 들어도 들리지 않고 써도 다함이 없다는 말은 무형의 도가 끊임없는 생산을 해냄을 나타낸다. 보이지 않고 들리지 않는다는 것에서 그것이 자연이지만 눈에 보이는 구상적인 자연물이나 자연적 현상에 한정되지 않음을 알 수 있다. 끊임없이 공급한다는 것은 현대의 서적 『Secret』에서 'There is abundance of supply'라고 인간 세상에 풍족함이 널려 있음을 말해주고 있는 것과 일맥상통한다. 노자의 소극주의를 통한 적극적 만족의 방법론은 맛이나 색이나 소리를 추구하지 않는다. 이것은 현실생활에서 오히려 적극적으로 활용해볼 수 있다. 예를 들어 무미의 맛에 익숙해짐으로써 더 여러 가지 맛을 뚜렷이 알 수도 있다. 앞부분의 '대도를 잡고 있으면 천하가 그리로 간다. 그 천하는 원시처럼 편안하다'라는 말은 일종의 믿음으로 해석해 볼 수 있다. 즉 천국이라든가, 이상향을 그린 것으로 생각해 볼 수 있다. 중국 송대인에게 '먹고 싶은 것을 생각하면 먹고 싶은 것이 오고 입고 싶은 것을 생각하면 입고 싶은 것이 온다'는 종교적 믿음이 보이는데 역시 도가 높으면 필요한 것이 다 절로 오게 되어 있어 편안할 수 있다는 이야기이다.

은미한 도가 먼저 강하게 해주고 장차 약하게 함을 알아야 한다

> 將欲歙, 必固張之. 將欲弱之, 必固强之. 將欲廢之, 必固擧
> 之. 將欲奪之, 必固與之. 是謂微明. 柔弱勝剛强. 魚不可脫於
> 淵, 國之利器不可以示人.

제36장

장차 거두어 줄이려면 반드시 굳게 펼쳐준다. 장차 약하게 하려면
반드시 굳게 강하게 한다. 장차 폐기하려면 반드시 굳게 치켜세워준
다. 장차 빼앗으려면 반드시 굳게 먼저 준다. 이것이 은미한 밝음이
다. 부드럽고 약함이 굳세고 강함을 이긴다. 물고기는 연못에서 벗어
날 수 없고 나라의 날카로운 기물(즉, 권력)은 사람들에게 보여서는
안 된다.

해제

이것은 바로 순환의 도를 여러 말로 표현한 것이다. 그러나 구체
적으로는 위정자가 권력을 가지고 베풀고 거두는 권세를 말한 것이

다. 보이지 않는 은미한 자연의 도가 작용하여 펼쳐 주었다가 거두어들이고 강하게 하였다가 약하게 하고 치켜세웠다가 폐기하고 먼저 주었다가 빼앗는다. 노자는 이런 변화하는 순환의 도를 강조하므로 그 사상에 따르면 무언가를 가졌다 하면 잃을 것을 예상해야 한다. 이 사상은 현실세계에 대해 낙관과 비관의 두 가지 태도를 다 가질 수 있게 하지만 결국은 변화하는 순환의 도 자체에 대한 순응이 강조되는 것이다. 부드럽고 약한 것이 굳세고 강한 것을 이긴다는 것은 많이 나온 물의 속성을 생각해보면 알 수 있다. 물고기가 연못에서 벗어날 수 없다는 것은 사람이 자연의 도에서 벗어날 수 없다는 말이다. 이렇게 보이지 않게 드러나는 은미한 도처럼 나라를 다스림에 있어 중요한 기물인 권력은 드러내지 않고 숨겨야 한다는 말이다.

한자풀이

[歙(흡)] 들이쉬다

[張(장)] 펴다

[廢(폐)] 폐하다, 폐기하다

[擧(거)] 들다

[奪(탈)] 뺏다

[與(여)] 주다

[剛强(강강)] 剛은 굳셀 강, 强은 강하다, 거스르다

[脫(탈)] 벗어나다

[淵(연)] 못

[利(리)] 이롭다, 날카롭다

여기에서는 노자사상과 유가의 역의 원리의 핵심인 변화의 도에 대해 강조하였다. 은미한 도가 펼쳐준 다음 거두어들이고 강하게 한 다음 약하게 만든다는 이 변화현상은 순환의 도를 말한 것이지만 '선강후약(先强後弱)'이라는 순서적 개념에다 '강패약승(强敗弱勝)'이라는 도식을 매치시켰다. 굳게 먼저 주고 후에 빼앗는다는 것은 강해진 다음에 반드시 약함이 온다는 것이고 위정자의 입장에서 볼 때는 '부드럽고 약한 것으로 강한 것을 꺾는다.'는 논리이지만 백성의 입장에서는 약해지는 것, 죽어가는 것 쪽으로 변화하는 그 섭리에 순응하라는 뜻이 된다. 물론 이는 '해지면 새롭게 된다'는 노자의 다른 말을 적용하면 약한 것은 다시 강해진다는 순환의 논리로 해석될 수 있다. 즉 생로병사에 적용시키면 아이가 태어나 장성하여졌다가 다시 약해지고 또 후손이 강성해지는 과정에 비유할 수 있다. 한편 우선 먼저 주어서 강하게 하고 그 후 빼앗는다고 한 것은 기독교에서 여호와신이 모세를 영도자로 만들기 위하여 먼저 오랜 시련을 내린 뒤 영광을 주었다고 보는 것과 선후관계가 다르다.

물고기가 연못에서 벗어날 수 없다는 것은 부드럽고 약한 상태의 물이 형체를 가진 물고기를 가두고 살리고 있음을 말한다. 따라서 나라의 날카로운 기물도 부드러운 형태의 무의 상태로 감추어야 한다는 의미로 해석된다. 이 말은 '아는 자는 말하지 않는다'라는 다른 장에서의 말과 통한다.

욕심이 일어나면 이름 없는 순박한 통나무 상태로 돌이킨다

道常無爲, 而無不爲, 侯王若能守之, 萬物將自化. 化而欲作, 吾將鎭之以無名之樸. 無名之樸, 夫亦將無欲. 不欲以靜, 天下將自定.

제37장

도는 늘 하는 일이 없지만 하지 않는 일이 없으니 왕들이 만약 그것을 잘 지키면 만물이 장차 절로 따르리라. 따르는데도 욕심이 일어나면 나는 장차 (도의 본질인) 이름 없는 순박한 통나무로 욕심을 누르리라. 이름 없는 순박한 통나무같이 역시 장차 욕심이 없으리라. 욕심을 내지 않음으로써 고요해지니 천하가 장차 절로 안정되리라.

해제

여기서는 앞에서 나온 바와 같이 궁극적으로 소박한 상태인 통나무로 되돌아가면 욕심을 누르고 조화를 이룰 수 있음을 말하였다. 만물로 다듬어지기 이전의 통나무 상태를 유지하면 고요할 수 있고 스스로 안정될 수 있다는 것이다.

한자풀이

[守(수)] 지키다
[化(화)] 되다, 감화되다, 따르다
[鎭(진)] 누르다
[靜(정)] 고요하다

Review

보이지 않는 자연의 대도가 인위적으로 뭔가를 하지 않으면서도 자연스럽게 끊임없이 행해지고 있으니 위정자는 그 도를 따르면 만물이 그에게 귀속된다. 만물이 따르는데도 욕심이 일어나면 순박한 통나무 상태로 되돌아감으로써 욕심을 누르라고 하였다. 이것은 현실적으로 볼 때 춘추시대의 제후국들이 무도한 겸병전쟁을 그치지 않는 것을 두고 경계한 말로 보인다. 그러나 어느 시대에서나 스스로 자연의 도를 되새겨 보고 지나친 행동을 하고 있다면 소박한 통나무 상태로 되돌아가려고 노력해볼 필요가 있다. 욕심을 누르고 소박한 통나무 상태가 된다는 것은 장자에 이르러 '坐忘(고요히 앉아서 몸을 잊어버리는 것)'을 통해 정신의 대자유를 누릴 수 있다는 논리로 발전한 셈이다.

II

도덕경 · 하(道德經 · 下)

최상의 덕은 자연스러운 것이고 최상의 인, 의, 예는 인위적인 것이다

上德不德, 是以有德. 下德不失德, 是以無德. 上德無爲而無以爲, 下德爲之而有以爲. 上仁爲之而無以爲, 上義爲之而有以爲. 上禮爲之而莫之應, 則攘臂而扔之. 故失道而後德, 失德而後仁, 失仁而後義, 失義而後禮, 夫禮者忠信之薄, 而亂之首. 前識者, 道之華, 而愚之始. 是以大丈夫處其厚, 不居其薄, 處其實, 不居其華. 故去彼取此.

제38장

최상의 덕을 가진 사람은 (덕을) 베풀지 않으므로 덕이 있다. 하위의 덕을 가진 사람은 (인위적으로) 덕을 놓지 않으므로 덕이 없다. 상덕을 가진 사람은 아무것도 하지 않아서 치우치게 행하는 바가 없고 하덕을 가진 사람은 작위를 하여서 치우치게 행하는 것이 있다. 최상의 인(仁)을 가진 사람은 인위적으로 인을 행하여도 치우치게 행하는 바가 없고 최상의 의(義)를 가진 사람은 인위적으로 의를 행하여도 치우치게 행하는 것이 있다. 최상의 예(禮)를 가진 사람은 인위적으로 예를 행하여도 아무도 그에 응할 수가 없으니 곧 팔을 치우고 예절을 버린다. 그러므로 도를 잃은 후에 덕이 있고 덕을 잃은 후에 인이 있고 인을 잃은 후에 의가 있고 의를 잃은 후에 예가 있게 되었다. 대저 예란 충성과 믿음이 엷어서이며 어지러움의 첫머리이다. 앞서 깨닫는 자는 도의 꽃이며 어리석음의 시작이다. 그러므로 대장부는 그 두터움에 처하고 그 엷음(예절)에 머물지 않는다. 그 열매에 처하고 그 꽃[智巧]에 머물지 않는다. 그러므로 저것을 떠나 이것을 취한다.

해제

최상의 덕은 자연에서 나오고 인위적으로 추구하는 것이 아니며 그러한 최상의 덕을 가진 사람은 아무런 작위를 하지 않아도 일을 이룬다. 왕필의 『노자 도덕경 주』에서는 덕을 '得'의 뜻으로 보았고 '항상 얻어서 잃어버리지 않고 이롭되 해롭지 않다'는 뜻으로 풀이했다. 그런데 '덕'의 사전적 의미에는 '덕을 베풀다'는 의미, '은혜'의 의미가 있는데 흔히 '하느님의 은혜를 받았다'라는 말을 할 때 그 하느님은 덕을 베푼 셈이다. 왕필의 주나 은혜의 의미로서의 덕은 베풀음의 주체나 이롭고 해로움의 분별이 있는데 노자는 그에 비해 최상의 덕은 덕을 베풀지 않는 것이라고 보았다. 이는 자연이 인위적 자아를 가지고 덕을 베푸는 것이 아니라고 본 것이고 그 자연을 높게 본 셈이다. 인, 의, 예 등의 덕목은 작위에서 나오며 층차적인 개념을 갖는 것으로 보았는데 최상의 인은 치우치지 않으나 그 이하의 인과 의, 예는 치우침이 있는 것으로 보았다. 모두 이루어지지 않음이 있다고 보았다. 상덕은 무위자연으로 행해짐에 비해 하덕과 최상의 인과 최상의 의는 인위적으로 행해지는 것으로 보았다. 최상의 예도 인위적으로 행해지는 것으로 그에 부응할 자가 없으니 예법을 강조하기를 그친다는 것이다. 자연에서 나오는 섭리인 도와 덕을 잃은 후에 인, 의, 예가 나오게 되었다. 더욱이 예란 서로 간에 믿음이 엷어서 생긴 인위적 덕목으로 어지러움은 거기에서 비롯되는 것이다. 지혜를 깨닫는 것도 도의 꽃이 피는 것이자 어리석음이 비롯되는 것이다. 그러므로 훌륭한 사람은 두터운(혼후한) 도와 덕에 머물고 엷은 예와 지에 기대지 않는다. 인위적인 인, 의, 예, 지를 떠나 도와 덕을 취한다는 것이다. 이렇게 볼 때 노자의 사상에 따르면 깊이 철저히 세세히 따지지 않을 것을 지향하지만 그것이 깊고 철저하고 세세한 것임을 알고 두터운 상태에 머물러야 할 것이다.

한자풀이

[德(덕)] 크다, (덕으로)여기다, (덕을)베풀다, 오르다, 타다, 도덕, 은혜

[應(응)] 응하다

[攘(양)] 물리치다, 훔치다, 빼앗다, 물러나다, 사양하다, 걷어 올리다

[臂(비)] 팔뚝

[扔(잉)] 당기다, 끌어당기다, 부수다, 내버리다

[薄(박)] 엷다

[亂(란)] 어지럽다

[識(식)] 알다

[華(화)] 빛나다, 화려하다, 꽃, 광채, 세월, 시간

[愚(우)] 어리석다

[厚(후)] 두텁다

[實(실)] 열매

Review

덕 역시 도와 같이 인위적 작위를 행하는 것이 아니라고 보았는데 '덕'을 '득'으로 해석하는 견해를 따르지 않더라도 사회 경험상 도는 대략 어떠한 것을 말하고 덕은 대략 어떤 것이라는 추상적 느낌이 있게 마련이다. '도를 베풀다'라는 말은 안 쓰지만 '덕을 베풀다'라는 말은 있다. '후덕한 사람'이라는 말도 자주 쓰인다. 노자는 최상의 덕이 의도적으로 베푸는 덕이 아니라 자연스럽게 베풀어지는 것으로 보았고 인위적으로 덕을 베풀려고 애쓰는 것은 하덕이라고 보았다. 이것은 덕을 베풀려고 애쓰지 않아도 자연스런 생활 속에서 덕이 절로 베풀어진다는 이야기로 받아들이면 될 것이다. 남에게 덕을 베풀어야 한다는 강박관념으로 늘 기부금을 내려고 애쓴다면 상덕이 아닌 셈이다. 이것은 노자의 자연주의적 관점이다. 인의예지 다 역시 인위적으로 행하는 것으로서 최상의 인만 치우침이 없는 것으로 보았다. 도와 덕, 인과 의, 예 사이에 층위 개념이 있어 가장 높은 것이 도이고 그다음이 덕, 그다음이 인, 그다음이 의, 그다음이 예라고 보았다. 인과 의를 불교의 자비나 기독교의 의로움에 비교해서 생각해 볼 수 있다. 예는 유가의 예를 생각해 볼 수 있다. 앞서 깨닫는 자란 말은 '지'를 가리킨다. 앞서 깨닫는 것이 어리석음의 시작이라고 본 것은 역시 순환하는 도의 관점에서 한 말이다. 예를 들어 단견일 수 있지만 인문학은 오래할수록 쌓임에 비해 공학은 새로운 기술이 쏟아져 나오므로 젊은 공학도가 새로운 세계를 꽃피웠어도 곧 다시 새로운 신기술에 밀려나게 되는 것에 비교해볼 수 있다. 최상의 덕이 인위적 작위를 하지 않아도 일을 이룬다는 말은 역시 노자사상이 시간적 숙성을 거친 뒤에야 이해할 수 있다는 관점에서 생각할 때 이해가 쉽다. 예를 들어 기독교의 '원수를 사랑하라'라는 말과 의미가 통하게도 옛날에 서럽게 눈물을 흘리게 했던 원수가 오늘날을 살아가는데 생의 원동력이 되게 할 수도 있다. 그러므로 인위적으로 베풀지 않은 덕이 상덕이 될 수가 있는 것이다.

귀함은 천함을 근본으로 삼고 높음은 낮음을 근본으로 삼는다

昔之得一者, 天得一以淸, 地得一以寧, 神得一以靈, 谷得一以盈, 萬物得一以生, 侯王得一以爲天下貞. 其致之. 天無以淸將恐裂, 地無以寧將恐發, 神無以靈將恐歇, 谷無以盈將恐竭, 萬物無以生將恐滅, 侯王無以貴高將恐蹶. 故貴以賤爲本, 高以下爲基. 是以侯王自謂孤・寡・不穀, 此非以賤爲本邪? 非歟? 故至譽無譽. 不欲琭琭如玉, 珞珞如石.

제39장

옛날에 하나(1, 도)를 얻은 것들 중 하늘은 그 하나를 얻어서 맑고, 땅은 그 하나를 얻어서 편안하고, 신은 그 하나를 얻어서 영험하고, 골짜기는 그 하나를 얻어서 가득 차고, 만물은 그 하나를 얻어서 생겨나고, 왕들은 그 하나를 얻어서 천하의 올바름으로 삼았다. 그것이 (그 하나가) 그것을 이룬 것이다. 하늘이 맑을 길이 없으면 장차 갈라질까 두렵고, 땅이 편안할 수 없으면 장차 붕괴할까 두렵고, 신이 영험할 수 없으면 장차 소실될까 두렵고, 골짜기가 가득 찰 수 없으면 장차 고갈될까 두렵고, 만물이 생겨날 길이 없으면 장차 멸종할까 두렵고, 왕들이 귀하고 높아질 수 없으면 장차 엎드러질까 두렵다. 그러므로 귀함은 천함을 근본으로 삼고 높음은 낮음을 기초로 삼는다. 이 때문에 왕들이 스스로를 겸허히 '고', '과', '불곡'이라 하니 이는 천함을 근본으로 삼은 것이 아니겠는가? 그렇지 않은가? 그러므로 지극한 영예는 영예롭지 않다. 귀한 옥처럼 찬란해지려 하지 말고 흔하고 단단한 돌처럼 되라(끝 구절은 '아름다운 옥처럼 빛나려 하지도 말고 단단한 바윗돌처럼 굳세지려고도 말라'로 해석하기도 한다).

해제

이 장에서도 앞에서 강조한 바 있는 하나의 도를 지키는 것을 언급하였다. 하늘은 맑음을 오로지하여 하늘이 되고 땅은 안정됨을 오로지하여 편안하다. 만물은 오로지 하나에서 나온 것이다. 이와 같은 관점에서 신은 영험스러움 하나를 오로지한다. 지상의 왕들은 수직적인 직선처럼 낮은 것을 기초로 하여 높아지는 것이다. 천함과 낮음을 근본으로 하여야 귀하고 높아질 수 있으므로 왕들은 스스로를 겸허하게 '외로운 이', '부모 없는 이', '곡식이 없는 이'라고 낮추어 불러 천함을 근본으로 삼은 것이다. 이렇게 천함을 근본으로 삼으므로 지극한 영예는 전체적으로 볼 때 지극히 영예롭기만 한 것은 아닌 것이다. 그러므로 귀한 옥처럼 찬란해지기만 바라지 말고 흔한 돌처럼 소박해지라는 것이다.

[昔(석)] 옛

[寧(녕)] 편안하다

[靈(령)] 신령, 혼령, 영혼, 귀신, 정기, 정신, 존엄, 하늘

[貞(정)] 곧다

[恐(공)] 두려워하다

[裂(렬)] 찢어지다

[發(발)] 피다

[歇(헐)] 그치다

[竭(갈)] 다하다

[滅(멸)] 멸하다, 없어지다

[蹶(궐)] 넘어지다

[賤(천)] 천하다

[基(기)] 터, 기본

[孤(고)] 외롭다, 버리다, 작다

[寡(과)] 적다, 홀어머니, 과부

[穀(곡)] 곡식, 복록, 정성스럽다, 길하다, 생장하다

[譽(예)] 영예

[琭琭(전전)] 琭(전)은 홀(笏)에 아로새길 전

[珞珞(락락)] 구슬 목걸이, 단단한 모양

Review

하나의 일관된 도가 만물의 존재를 지탱해준다. 왕들이 귀함을 유

지하려면 천함을 근본으로 해야 한다는 것은 '뿌리 깊은 나무가 바람에 흔들리지 않는다'는 의미와 같다. 하늘과 땅, 신, 골짜기, 만물들도 하나를 얻어서 그 아이덴터티를 가진다는 말은 유가의 정명론과도 비슷하다. 다만 유가의 정명론은 군주는 군주답고, 신하는 신하답고, 아비는 아비답고, 자식은 자식다워야 한다는 신분상의 구분이 있지만 노자는 높음은 낮음을 근본으로 한다고 하였고 지극한 영예는 영예롭지 않다고 하였다. 그러니 결국 맛(무미)이 없는 셈이다. 귀한 옥처럼 찬란해지기보다 단단한 돌이 되라는 말은 역시 소극주의적 경향을 보인다. 기독교나 불교에서 천국이나 극락세계를 그지없이 찬란하게 묘사하는 것과 비교된다. 노자사상은 정금이나 각종 보석으로 지어진 천국의 집을 추구하지 않고 거친 서까래와 소박한 통나무 토담집을 추구하는 것이다. 이는 한편 좋아 보이는 것도 소유하고 나면 결국 별 느낌이 없게 된다는 이치로 본다면 하나의 현실 대응 방법론이고 현실 속에서 낮고 천한 것을 선택하여 만족을 얻는 개성적 전략이라고 볼 수 있다. 즉, 낮고 천한 것을 지킴으로써 도약할 수 있는 희망의 여지를 남겨두는 소극적 가치가 있다.

도는 반복 순환하고 유약하게 작용한다

反者道之動, 弱者道之用. 天下萬物生於有, 有生於無.

제40장

되돌아감은 도의 움직임이고 약함은 도의 쓰임이다. 천하만물은 有에서 생겨나고 有는 無에서 생겨난다.

해제

이 장은 반복적으로 도를 총체적으로 말하였다. 되돌아감, 즉 순환이 도의 운동성이고 부드럽고 약한 것이 도의 용법이다. 만물은 유에서 생겨난 것이고 그 유는 무에서 나온 것이라고 보았다.

한자풀이

[動(동)] 움직이다

Review

　제37장까지가 「도경」으로 불리고 제38장부터 「덕경」으로 불리는데 이 장에서는 다시 도에 대해 말하였다. 되돌아감이 도의 움직임이라고 본 것은 태어나면 죽고 해지면 새롭게 된다는 의미이다. 조상과 후손의 관계가 아니더라도 한 사람의 일생의 경우에서 늙으면 이가 새로 난다든가 머리가 새로 검어지는 것에서도 되돌아갔다가 순환하는 현상을 볼 수 있다. 이러한 도의 움직임은 '인간만사 새옹지마'라고 길흉화복이 번갈아 옴을 깨우쳐주는 고사성어에도 함축되어 있다. 『주역 계사전(周易 繫辭傳)』에도 "한 번은 음이 되고 한 번은 양이 되는 것, 그것을 도라 한다(一陰一陽之謂道)"고 순환의 도를 말하였다. 노자는 도의 작용이 약한 것이라고 늘 주장한다. 물, 또는 무의 상태인 공기 같은 것의 성질은 바로 부드럽고 유약하지만 물은 바위를 넘어 흐를 수 있고 세찬 물은 홍수를 일으키는 힘이 있다. 즉, 약한 것이라고 말했지만 강한 것이라는 뜻이다. 바닷물이나 호수는 물고기들을 기르고 수증기는 대기로 올라가 구름을 형성하여 비를 내려 농작물을 기른다. 무 역시 아무런 힘이 느껴지지 않는 유약한 것이지만 비어 있음으로 하여 유가 자유롭게 거처하거나 통행하게 하는 작용을 한다. 유는 무에서 생겨났다고 보는 것은 하나의 관점이다. 생각하기에 따라서는 꼭 무에서 유가 생겨난 것이 아니라 원래 스스로 존재하는 유가 형태를 전이하며 변화해간다고 볼 수도 있다. 또 자기 몸이 죽음으로써 유가 무를 낳는 결과가 될 수도 있다.

도는 숨어 있으므로 낮은 선비는 그것을 들으면 비웃는다

上士聞道, 勤而行之, 中士聞道, 若存若亡, 下士聞道, 大笑之. 不笑不足以爲道. 故建言有之. 明道若昧, 進道若退, 夷道若纇, 上德若谷, 大白若辱, 廣德若不足, 建德若偸, 質德若渝. 大方無隅, 大器晚成, 大音希聲, 大象無形, 道隱無名. 夫唯道, 善貸且成.

제41장

훌륭한 선비는 도를 들으면 부지런히 그것을 행하고, 보통 선비는 도를 들으면 있는 듯 없는 듯 여기고 낮은 선비는 도를 들으면 크게 비웃는다. 비웃지 않는다면 도가 되기에 부족하다. 그러므로 입언(立言)에 이런 말이 있다. "밝은 도는 어두컴컴한 듯하고 도에 나아가는 것은 물러서는 듯하고 크게 평탄한 길은 맺힌 듯하다. 최상의 덕은 계곡과 같고 가장 하얀 것은 더럽혀진 듯하고 광대한 덕은 부족한 듯하고 (자연에 따라) 세운 덕은 훔친 듯하고 질박한 덕은 변색한 듯하다. 큰 네모는 모퉁이가 없고 큰 그릇은 늦게 완성되고 큰소리는 잘 안 들리고 큰 형상은 모양이 없다." 도는 숨어 있어 이름이 없다.

대저 도만이 (만물에게) 잘 베풀어주고 이루어지게 한다.

도란 현묘한 것이고 그 귀함은 천함을 근본으로 하는 것으로 남의 비웃음을 사지 않으면 도가 되기에 부족하다는 것이다. 그것은 상식을 초월하는 것일 수 있으므로 낮은 선비의 비웃음을 살 수 있고 보통 선비는 귀담아 듣지 않고 훌륭한 선비여야 비로소 그것을 행하려고 애쓴다. 밝은 도는 어두컴컴한 듯하고 평탄한 길은 맺힌 듯하고 가장 하얀 것이 더렵혀진 듯하고 세운 덕은 훔친 듯하다는 모순된 이야기들은 큰 네모는 모퉁이가 없고 큰 그릇은 늦게 완성되고 큰소리는 잘 안 들리고 큰 형상은 모양이 없다는 말에 비해 더 이해하기 어렵다. 현실세계에서 통용되는 상식적 관점으로 이해하면 안 된다. 어지러운 상가의 간판들, 유흥가의 난립된 모습은 인간의 탁한 모습을 반영한 것으로 고고한 성품을 지닌 사람의 눈에 혼탁하게 보일 수 있다. 그러나 고고한 자도 자기 성품이 흐트러졌던 순간이 있음을 안다면 그 혼탁한 모습이 제대로 구현된 것임을 깨달을 수 있다. 남의 눈에 맺힌 인생으로 보이는 삶도 잘 이끌어 가면 결국엔 평탄한 삶이 되는 것이다. '세운 덕은 훔친 듯하다'고 풀이한 것은 왕필의 노자주를 참고한 것인데 '덕을 세우는 것이 자연의 법칙에 따르고 인위적으로 하는 것이 아닌 것이 마치 배필을 훔치는 것과 같다'고 본 것을 따랐다. 이 도는 은미하고 광대하게 숨어 있어 만물을 자라게 하고 이루어지게 하므로 이러한 도를 알고 따르면 일이 잘 이루어질 수 있는 것이다.

한자풀이

[勤(근)] 부지런하다

[建(건)] 세우다

[昧(매)] 어둡다

[進(진)] 나아가다

[退(퇴)] 물러나다

[夷(이)] 오랑캐, 죽이다, 평평하다, 안온하다

[纇(뢰)] 실마디

[偸(투)] 훔치다, 사통하다

[質(질)] 바탕, 질박하다

[渝(투)] 변하다

[方(방)] 모 방, 네모 방, 방향, 나라, 장소, 도리, 방법, 법

[隅(우)] 모퉁이

[器(기)] 그릇

[晩(만)] 늦다

[希(희)] 바라다, 드물다

[聲(성)] 소리

[象(상)] 형상

[形(형)] 모양, 꼴, 얼굴, 육체, 거푸집, 이치

[隱(은)] 숨다

[唯(유)] 오직, 다만

[貸(대)] 빌리다

이 장의 앞 부분은 상업적 문학, 산업적 예술의 시대에서 아방가르드 예술가와 공중의 관계를 논함에 있어 공중을 '고급지성(high brow)', '평범한 지성(middle brow)', '낮은 지성(low brow)'의 세 범주로 구분하려는 미국의 경향(≪아방가르드 예술론≫, 레나토 포지올리 지음, 문예출판사)이 있다는 것에 착안하여 'low brow'에 해당되는 공중의 큰 비웃음을 사는 아방가르드적 요소가 없다면 도가 되기에 부족하다는 의미로 해석을 시도해 볼 수 있다. 밝은 도는 어두컴컴한 듯하고 평탄한 길은 맺힌 듯하고 가장 하얀 것이 더럽혀진 듯하고 세운 덕은 훔친 듯하다는 모순된 이야기들은 상식의 입장에서 비웃음을 사기 쉽다. 그러나 큰 네모는 귀퉁이가 없다는 말을 이해할 수 있는 사람이라면 노자의 이 말도 이해할 여지가 있음을 인정해야 할 것이다. 『노자』에 쓰여 있어 노자의 말로 인용되지만 원문에 '建言有之'라 하였으니 이미 전해져 오던 말에 노자가 동의한 것이다. 이러한 논리는 노자 이후 전국시대 변증논리를 폈던 명가의 논리를 떠올리게 한다. 중국철학이 아니더라도 비근한 예로 '모르는 것은 손에 쥐어 주어도 모른다'는 말을 적용한다면 평탄한 것인지 맺힌 것인지 하얀 것인지 검은 것인지 모를 수 있다. 상식의 세계에 사는 우리로서는 노자의 도를 따르지 않더라도 그 말을 귀담아 들어 볼 수는 있다. 물러서는 듯한 것이 도에 나가는 것이고, 맺힌 듯한 것이 평탄한 길이라는 말로써 다수의 객관적인 관점이 꼭 옳은 것이 아니라는 것을 새겨둘 필요가 있다. 흔히 말하는 '행복은 주관적이다'라고 하는 말을 놓고 볼 때 그것은 사람마다 주관적인 도에 따라

살며 행복감을 느낀다는 것으로 자기 주관을 옹호하고 싶은 사람은
꿋꿋하게 자기의 일관된 도를 지켜나가야겠다.

강포한 사람은 좋은 죽음을 얻지 못하므로 왕은 남이 꺼리는 것을 포용한다

道生一, 一生二, 二生三, 三生萬物. 萬物負陰而抱陽, 冲氣以爲和. 人之所惡, 唯孤・寡・不穀, 而王公以爲稱. 故物或損之而益, 或益之而損. 人之所教, 我亦教之, 梁强者不得其死, 吾將以爲教父.

제42장

도에서 하나가 생겨나고 하나에서 둘이 생겨나고 둘은 셋을 낳고 셋은 만물을 낳는다. 만물은 음을 등지고 양을 껴안아 혼합된 기가 조화를 이룬다. 사람들이 싫어하는 것은 오직 '고', '과', '불곡'이므로 왕들은 그것을 칭호로 삼는다. 그러므로 만물은 혹 잃어버려서 얻고 얻어서 잃는다. 사람들이 가르치는 것을 나도 역시 가르치니 "강포한 사람은 좋은 죽음을 얻지 못한다(주나라 때의 말)"라 하였는데 내 장차 가르침의 근본으로 삼겠다.

있는 듯 없는 듯 황홀하여 구체적으로 말해낼 수 없는 무(無)상태 (숫자적으로 표현하면 Zero상태)의 도가 하나를 낳고 그 하나가 다시 둘을 낳고 둘이 셋을 낳고 셋은 만물을 낳는다는 말은 『구약성서』 「창세기」에서 여호와가 흙으로 아담을 창조하고 아담에게서 하와를 만들어내었고 그 둘이 자식을 낳았다는 이야기와 비슷하다. 또한 역 (易)의 조직이 태초에 우주가 생겨날 때 태극(太極)이 생기고, 그 태 극이 둘로 갈라져 하나는 음이 되고 하나는 양이 되었다고 보는 것 과 통한다. 다음 구절에서는 음양 두 기의 관계를 언급하였는데 만 물은 양을 향한다는 것은 전통적 관점에서 볼 때 구름, 비, 음지, 북 향, 뒷면, 죽음 등 음에 해당하는 것을 등지고 태양, 양지, 삶을 껴안 는다는 셈이다.

그러나 노자는 '흰 것을 알고도 검은 것을 지키고 수컷의 강함을 알면서도 암컷의 유약함을 지킨다'는 말을 내세우므로 전통적인 음 양의 개념을 알면서도 사람들이 등지는 음으로 물러서는 것이다. 그 까닭은 순환의 도를 깨달았기 때문이다. 사람들이 싫어하는 것을 왕 들이 자칭하고 또 만물은 잃어버림으로서 얻는다고 보기 때문이다. 그리하여 결론적으로는 다른 가르침에 부합되게 강포하게 발악하여 선종을 하지 못하느니 유순하게 처신함으로써 오래 보전하는 것을 추구하는 것이다.

한자풀이

[負(부)] 지다, 등지다

[抱(포)] 안다

[沖(충)] 화하다(따뜻하고 부드럽다), 담백하다, 공허하다, 깊다, 솟
구치다

[稱(칭)] 칭호

[損(손)] 덜다, 손해보다

[益(익)] 더하다

[梁强(양강)] 梁은 대들보, 나무다리, 제방, 광대뼈. 强은 강할 강.

Review

만물은 음을 등지고 양을 껴안아 혼합된 기가 조화를 이루고 있고
그 속에 사람도 어울려 있다. 이 조화의 법칙 속에서 왕은 음을 등
지고 양을 껴안는 것이 아니라 양을 등지고 음을 껴안는 존재이다.
잃어버려서 얻게 되는 것이다. 왕이 이같은 음양론의 적용을 받지
않는 점은 사물과 비슷하다. 왕은 존귀함을 껴안아 존귀해지는 것이
아니라 천함을 껴안아 존귀해지는 것이다. 이런 논리를 현대사회 속
의 결혼문화에 적용시킬 때 예를 들어 학력이 높은 여자는 제한된
현실 속에서 학력이 낮은 남자와 조화를 맞추어야 하는데 그것이 전
통적인 음양론에 부합되지 않기 때문에 결국은 홀로 사는 결과가 생
기게 된다. 이때에 노자의 '왕은 스스로를 고(외로운 이)로 호칭한다'
는 이 말과 잃어버려서 얻는다는 논리를 적용시킨다면 심리적 균형
감을 얻을 수 있다. 세속을 두고 가르침을 펴는 모든 종교처럼 노자
도 세속의 현상에 맞추어 강포한 사람은 좋은 죽음을 얻지 못한다고
하였다. 세상에 원만히 대응하라는 뜻이다. 요즘처럼 '나만의 세상'

이라는 사상이 일반화된 시대엔 자칫 정말로 자기만 사는 세상으로 오해할 소지가 있는데 실제로 홀로 살며 사물들과만 접촉한다 해도 사물을 강포하게 대하는 사람은 스스로에게 해를 끼치는 것이 된다.

第43章
형체가 없는 것은 틈이 없는 것에도 들어간다

天下之至柔, 馳騁天下之至堅, 無有入無間. 吾是以知無爲
之有益. 不言之敎, 無爲之益, 天下希及之.

제43장

천하의 가장 부드러운 것이 천하의 가장 굳센 것을 마음대로 한다.
형체가 없는 것이 틈이 없는 것에도 들어간다. 나는 이로써 무위의
이로움을 안다. 말하지 않는 가르침, 무위의 유익함은 천하에 그것에
이르는 자가 적다.

해제

이 장 역시 여성적 유약함 또는 형체가 부드러운 물 또는 무의 상
태와 같은 공기 같은 것이 천하의 강한 것을 이기며 뚫고 들어가지
못하는 곳이 없음을 말하였다. 이로부터 눈에 보이는 강한 존재나
인위적인 작위의 무익함을 추론하였다. 때문에 가르치려는 말도 필
요 없다고 보았다.

[至(지)] 이르다, 지극하다

[柔(유)] 부드럽다

[馳騁(치빙)] 말을 타고 달리는 것, 이곳저곳 바삐 다니는 것

[堅(견)] 굳세다, 견고하다

[間(간)] 사이

[及(급)] 미치다

Review

부드러운 물이나 무 상태의 공기가 형체가 굳센 것보다 더 강하다는 말은 여러 번 나온 말이다. 형체가 없는 것이 틈이 없는 곳에도 들어간다. 그렇게 볼 때 장자에서 포정이 칼을 잘 다루어 소를 잡을 때 칼이 다치지 않게 신묘하게 소의 구석구석을 종횡으로 누비는 것처럼 신묘한 무의 형체는 틈이 없는 인체의 구석구석도 누빌 수 있다. 노자는 그렇기 때문에 '무'를 '유'보다 높이 보았다. 또한 '무위'를 '유위'보다 높이 보았다. 말하지 않는 가르침을 높이 본 것은 '침묵은 금이다'라는 격언에도 나타나 있다. 가르침의 차원에서 '묵언'을 강조하였지만 물론 그것은 듣는 자의 깨달으려고 노력하는 마음이 있어야 가르침의 효과를 볼 수 있다.

그침을 알면 위태롭지 않고 오래갈 수가 있다

名與身孰親?　身與貨孰多?　得與亡孰病?　是故甚愛必大費,
多藏必厚亡. 知足不辱, 知止不殆, 可以長久.

제44장

명성과 몸, 어느 것이 소중한가? 몸과 재화, 어느 것이 중요한가?
얻음과 잃음, 어느 것이 더 해로운가? 이러므로 깊이 아끼면 반드시
크게 허비한다. 많이 쌓아두면 반드시 많이 잃는다. 족함을 알면 욕
되지 않고 그침을 알면 위태롭지 않고 오래갈 수 있다.

해제

여기서는 만족을 아는 지족에 대해 이야기하였다. 명성이나 몸이
나 재물을 깊이 아끼면 반드시 잃게 됨이 있다. 많이 쌓아둘수록 많
이 잃는다는 말은 삶 속에서도 통하지만 삶과 죽음이란 변화의 관계
에서 볼 때 기독교에서 '부자가 천국 가기는 낙타가 바늘구멍 들어
가기보다 어렵다'는 말과 통한다. 가지고 있는 것에 만족하는 것 그
자체가 복이 된다는 것이다.

[孰(숙)] 누구

[親(친)] 친하다, 가까이하다

[貨(화)] 재물

[甚(심)] 심하다

[愛(애)] 사랑하다, 아끼다

[必(필)] 반드시

[費(비)] 쓰다, 소비하다, 닳다

[藏(장)] 감추다

[辱(욕)] 욕되다

[殆(태)] 위태롭다

Review

매 순간마다 변하지 않는 것은 없다고 하고 내일은 내일의 태양이 뜬다고 하지만 한편으로는 자아의식을 가진 인간은 연속되는 날들 속에서 연속적인 생각을 하며 살게 된다. 이때 명성보다는 몸, 재물보다는 몸이 더 소중함을 알고 아껴야 한다는 말은 건강을 최우선시하는 관념과도 통한다. 노자는 잃음보다 얻음이 더 해롭다는 사상을 편다. 그 말도 일리가 있다. 값비싼 외제차를 구입했다고 할 때 그것을 유지하느라 몸을 혹사해 과로에 이르게 할 수도 있다. 좋은 학교의 간판을 얻기 위해 부모가 자식에게 지나치게 공부를 강요하여 끔찍한 결과를 낳은 예도 있다. 따라서 노자는 무리한 과욕의 추구보다 적당한 정도에서의 만족을 더 중요시한다. 공자도 지나침을 경계하는 '과유불급(過猶不及)'을 강조했다. 공자는 또한 '안빈낙도(安貧樂道)'를 이야기했으니 노자와 마찬가지로 소박함, 가난함을 기꺼이 여긴 점에서 수구적이다. 그러나 현실에의 만족을 강조하다 보면 새로운 세계의 적극적 개척에는 미온적이 될 수 있다.

第45章
고요함과 추위가 시끄러움이나 더위보다 더 강한 것이다

> 大成若缺, 其用不弊. 大盈若沖, 其用不窮. 大直若屈, 大巧
> 若拙, 大辯若訥. 靜勝躁, 寒勝熱, 淸靜爲天下正.

제45장

커다란 이룸은 부족한 듯 보이지만 그 쓰임은 다함이 없다. 크게 가득 찬 것은 빈 것처럼 보이나 그 쓰임은 끝이 없다. 아주 반듯한 것은 굽은 듯하고 아주 교묘한 것은 서투른 듯하고 대단한 달변은 좀 어눌한 듯하다. 고요함은 시끄러움을 이기고 추위는 더위를 이기며 맑고 고요함이 천하의 올바름이 된다.

해제

오늘날 광범위하게 퍼진 현대문명의 공이나 민주화의 업적은 여전히 미흡한 감이 있지만 그 효과는 무궁무진하다고 할 수 있다. 넓은 바다는 빈 공간 같으나 수산자원의 제공이나 해상교통 등으로 무궁한 작용을 하고 있다. 반듯한 것은 굽은 듯하고 교묘한 것은 서투른

듯하고 달변은 좀 어눌한 듯하다는 말은 노자사상이 기본적으로 졸
박함을 토대로 하고 있음을 드러내 보인다. 스마트함을 강조하는 현
대문명사회에서 굽은 것이나 서투른 것이 더 반듯하고 교묘하다는
말은 이해하기 어려우나 다소 어눌한 듯한 말이 처음부터 끝까지 유
창한 말보다 더 웅변적일 수가 있다는 말은 쉽게 공감이 갈 것이다.
한편 기계문명으로 혜택을 받지만 그것이 잘 통하지 않을 때 심한
답답함을 느끼게 되는 것에서 교묘한 기계가 서툴고 오히려 서투른
자연이 더 교묘하다는 말로 이해를 시도해볼 수 있다. 즉, 굽은 것,
서투른 것, 어눌한 것이 더 반듯하고 더 교묘하고 더 달변이라는 관
점이다. 끝 구절에서는 한서의 변화의 도에 동과 정으로 대응하라
하였는데 대략 추위라는 음에 동이라는 양으로, 더위라는 양에 고요
함이라는 음으로 대응할 수 있다는 것으로 파악해볼 수 있다. 그러
나 기본적 틀은 고요함, 즉 음(양으로 볼 수도 있음)을 강조하는 것
으로 맑고 고요한 것이 천하를 바로잡을 수 있다고 보았다.

한자풀이

[缺(결)] 이지러지다

[弊(폐)] 해지다

[窮(궁)] 다하다

[直(직)] 곧다

[屈(굴)] 굽히다

[巧(교)] 공교하다

[拙(졸)] 옹졸하다, 졸하다, 둔하다, 질박하다

[辯(변)] 말 잘하다

[訥(눌)] 말 더듬거리다

[躁(조)] 조급하다, 떠들다, 시끄럽다

[寒(한)] 춥다

[熱(열)] 덥다

Review

이 장에서는 제41장과 비슷한 말을 반복하였다. 고요함이나 추위는 동양의 음양론으로 볼 때 음에 해당된다. (서양언어, 예를 들어 스페인 언어의 명사의 성으로 본다면 추위나 냉기는 남성명사로서 동양의 음양론과는 다름) 즉, 고요함과 추위는 여성성에 해당된다. 노자의 사상으로는 이 여성적인 것이 시끄러움이나 더위 같은 양의 성질, 즉 남성성보다 강하다는 것이다. 단편적인 예이지만 학생들이 떠들 때 선생님이 목소리를 높여 야단쳐야 소용이 없고 오히려 한동안 입을 열지 않고 있으면 조용해지는 것에서 고요함의 위력을 볼 수 있다. 추위가 더위를 이기는 것은 차가운 물이 뜨거운 불을 끄는 것, 즉 오행상극의 원리에서 '水克火(수극화)'를 통해 알 수 있다.

第46章
족함을 아는 만족이 있으면 항상 만족스럽다

天下有道, 却走馬以糞, 天下無道, 戎馬生於郊. 禍莫大於
不知足, 咎莫大於欲得. 故知足之足, 常足矣.

제46장

천하에 도가 있으면 잘 달리는 말을 멈추게 하여 밭의 분뇨를 치지만 천하에 도가 없으면 군마가 들판 전쟁터에서 새끼를 낳는다. 화는 만족을 알지 못하는 것보다 큰 것이 없고 허물은 더 얻으려 하는 것보다 큰 것이 없다. 그러므로 족함을 아는 만족이 있으면 항상 만족스럽다.

해제

맑고 고요한 도가 천하를 바로 잡고 있으면 천하가 태평하여 군마들이 멈추어 밭을 가는 데 쓰이지만 천하가 어지러우면 군마 특히 암말이 전쟁터에 동원되어 그 와중에 새끼를 낳는다는 것이다. 이는 농경사회를 토대로 하여 나온 말이지만 '욕심'을 추구한다는 것은 어느 사회에서나 있을 수 있다. 경쟁으로 치달려 만족을 모르면 평화를 얻지 못하므로 자기가 가진 것에서 만족감을 느낄 수 있는 지족지족(知足之足)을 강조하였다.

한자풀이

[却(각)] 물리치다, 쉬다, 그치다
[糞(분)] 똥
[戎(융)] 전쟁
[郊(교)] 들판, 교외
[禍(화)] 화
[咎(구)] 허물 구

Review

족함을 모르기 때문에 경쟁에 휘말려 고달픈 인생을 살기가 쉽다. 노자는 반복하여 족함을 아는 만족의 행복을 강조한다. 이는 일본의 도쿠가와 이에야스가 유훈으로 남긴 다음의 말과도 상통한다. "마음에 욕심이 차오를 때는 빈궁했던 시절을 떠올려라. 인내는 무사장구의 근본이요, 분노는 적이라고 생각해라. 이기는 것만 알고 정녕 지는 것을 모르면 반드시 해가 미친다. 오로지 자신만을 탓할 것이며 남을 탓하지 마라. 모자라는 것이 넘치는 것보다 낫다. 자기 분수를 알아라……."

第47章
성인은 자기를 밝게 알기에 나다니지 않고도 천하를 안다

不出戶知天下, 不窺牖見天道. 其出彌遠, 其知彌少. 是以
聖人不行而知, 不見而名, 無爲而成.

제47장

문밖을 나서지 않고도 천하를 알고 창밖을 내다보지 않고도 천도
(자연계의 변화규율)를 본다. 그 나감이 더욱 멀수록 그 앎이 더욱
적어진다. 이 때문에 성인은 나다니지 않고도 알며 보지 않고도 밝
게 알고 아무것도 하지 않고도 (만물을) 이룬다.

해제

이 역시 고요함을 강조한 말로 멀리 나갈수록 아는 것이 적어진다
고 말한 것에서 어떤 점에서는 방에 콕 틀어박혀 컴퓨터만 하는 현
대의 히키코모리족 같은 사람을 긍정적으로 본 관점이다. 물론 노자
시대엔 컴퓨터가 없어 해당되는 말이 아니지만 컴퓨터를 하나의 물
체로 볼 때 컴퓨터가 아닌 책이나 다른 사물로서도 소셜 커뮤니케이

선을 할 수 있다는 셈이고 그런 관점에서 방안을 우주로 여기고 천장과 바닥을 하늘과 땅으로 삼고 고요히 도를 닦으면 성인은 창밖을 내다보지 않고도 하늘의 운행을 본다는 것이다. 이것은 기독교에서 여호와신이나 선지자들은 천문의 체계도 바꾸는 능력이 있다고 말하는 것과 맥락이 닿는다고 볼 수 있다. 왕필은 노자주에서 성인은 '격물치지(格物致知)' 하였으므로 다니지 않고도 알며 사물의 마루(근원, 으뜸, 조상)를 알기 때문에 보지 않고도 시비의 이치를 이름 할 수 있다고 풀이했다. 이렇기 때문에 성인은 아무것도 하지 않고도 모든 것을 이룬다는 것이다.

한자풀이

[戶(호)] 집, 지게, 구멍, 방, 사람, 막다, 지키다, 주관하다

[窺(규)] 엿보다

[牖(유)] 창

[彌(미)] 더욱

[遠(원)] 멀다

Review

시끄러움이 고요함보다 못한 것으로 본 노자사상은 밖으로 소란스럽게 구하기보다 안으로 조용히 가라앉힘으로써 넓은 세상을 본다. 이것 역시 전통적으로 여성적인 특성을 보이는 사상이다. 멀리 나돌아 다닐수록 앎이 적어진다고 한 말은 인터넷과 SNS가 발달한 요즘 시대에 부합되는 말이기도 하다. 가만히 앉아 컴퓨터만 들여다보아

도 세상 돌아가는 것을 알 수 있고 자신의 객관성을 가늠해볼 수 있다. 노자시대에 컴퓨터가 없었지만 가만히 앉아 사물들의 특성을 관찰하고 자기 자신과 비교해보는 것으로도 자신의 객관성을 파악할 수 있었다고 볼 수 있다. 그 나감이 멀수록 아는 것이 더욱 적어진다는 말도 일리가 있다. 창밖을 통해 보이는 날씨의 변화, 상점의 간판들의 글씨, 사람이나 차들의 통행을 보고 거기에 요약된 세상을 읽을 수가 있다. 더 넓은 무대로 나갈수록 세상을 이해하기가 복잡해질 수도 있다. 아무것도 하지 않고도 만물을 이룬다는 것은 그러한 관조를 통해 모든 이치를 밝게 깨닫는다면 '색즉시공 공즉시색'과 같은 현실계의 가상성을 깨닫고 현실속에 만물을 지어내고 생육하는 창조의 경지에도 이를 수 있다는 뜻으로 해석할 수 있다.

第48章
도를 따르면 지식이 날마다 감소하여 무위로 다스리는 경지에 이른다

爲學日益, 爲道日損. 損之又損, 以至於無爲. 無爲而無不爲. 取天下常以無事, 及其有事, 不足以取天下.

제48장

학문을 하면 (지식이) 날마다 증가하고 도를 따르면 (지식이) 날마다 감소한다. 줄어들고 줄어들어 무위의 경지에 이른다. 아무것도 하지 않아도 하지 않음이 없다. 천하를 얻는 것을 항상 無事(아무 거동이 없음)로써 한다. 有事(어떤 거동을 함)로 하자면 천하를 취하기에 부족하다.

해제

도가 있는 세상에 태어난 신생아가 학문에 몰두하지 않고 도를 따른다면 신선처럼 살 수 있을지도 모른다. 하지만 늑대들과 살면 늑대소녀가 된다는 이야기처럼 현실계에 태어난 아기는 인간세상의 현실에 맞추어 유아원, 유치원부터 치열한 경쟁을 거치며 살아야 한다.

끊임없이 지식을 쌓아야 한다. 여기서는 현실세계의 룰을 따르지 말고 무위자연의 도를 따라서 비우고 비워 무위의 경지에 이를 것을 촉구하고 있다. 어떤 구체적인 작위는 천하를 얻기에 부족하다는 것이다. 앞에서 천하는 다양하게 변화하는 것이라고 하였으니 변화하지 않는 구체적 작위를 가지고 천하를 잡으려면 잡을 수가 없다. 따라서 천하에 대하여 무위자연의 태도로 대하고 아무 거동을 취하지 않음으로써 천하를 얻으라고 한다. 이런 얻음은 인간의 입장에서 볼 때 실상 얻지 않음과 같다. 노자의 무소유 정신은 어찌 보면 신선의 도보다 더 초월적이다. 중국인의 생각 중 '신선계에는 관부(官府)가 족하다. 또는 상계에는 지상보다 도를 터득한 자가 많아 모시기가 더 힘들다' 이런 말들로 지하세계에 인간세계를 모방한 세계가 있듯이 상계에도 인간세계를 모방한 차원 높은 세계가 있다고 보는데 그러한 세계는 유위의 세계이다. 노자는 그보다 더 무심한 무위의 세계를 추구한 것이다. 즉, 현실세계에서 소박함을 지키고 무소유를 통한 대소유 정신을 강조한 셈이다. 도를 따르면 날마다 지식이 감소한다는 것은 인위적 지식을 줄일수록 커다란 앎에 도달한다는 뜻으로 해석해 볼 수 있다.

한자풀이

[常(상)] 항상

Review

앞 장에서와 같은 논리로 관조를 통해 모든 것을 알 수 있기 때문에 천하를 얻는 것도 유위를 통해서가 아니라 아무것도 하지 않음으로써 얻는다는 것이다. 천하란 신묘한 것으로 어떤 구체적 행동으로 취하기엔 부족한 것이다. 이러한 말은 구상적인 것을 중요시하는 입장에서 볼 때 이해하기 어려운 말이다. 그러나 큰 네모는 귀퉁이가 없다는 말을 두고 볼 때 천하는 의도적으로 구체적으로 소유할 수 없는 것이다. 그렇기는 해도 모든 사람은 주관에 따라 살고 더욱이 현대에는 노골적으로 '나만의 세상'이란 관점을 가지고 살기 때문에 주관적 관점에서 볼 때 일견 천하를 취하였다고 볼 수도 있다.

第49章
성인은 백성의 마음을 자기 마음으로 삼아 어느 사람도 버리지 않는다

聖人無常心, 以百姓心爲心. 善者吾善之, 不善者吾亦善之, 德善. 信者吾信之, 不信者吾亦信之, 德信. 聖人在天下, 歙歙爲天下, 渾其心. 百姓皆注其耳目, 聖人皆孩之.

제49장

성인에게는 일정한 마음이 없고 백성의 마음을 마음으로 삼는다. 선한 자는 나 역시 그를 선하게 여기고, 선하지 못한 자도 나는 또한 선하게 여기노니 덕은 (사람을 버리지 않는) 선함이기 때문이다. 미더운 자는 나도 그를 믿고, 미덥지 않은 자도 나는 또한 그를 믿으니 덕은 믿음이기 때문이다. 성인은 천하에 있으매 자기를 거두어 삼가고 천하를 다스리매 그 마음을 혼후히 한다. 백성이 모두 그 이목을 주시하나 성인은 그들 대하기를 (무지하고 무욕한) 어린아이처럼 한다.

　여기에서는 인격이 완성된 성인의 자세에 대해 말하고 있다. 일정하게 고착된 자아를 가지지 않고 천하백성의 마음을 그 마음으로 삼는데 선한 자나 선하지 못한 자나 차별 없이 선하게 대하고 믿음직한 자나 믿음직하지 못한 자 역시 믿음으로써 대하면 세상이 선하고 미더워진다는 것이다. 이것은 원수를 사랑하라는 예수의 말과 다를 바 없다. 남에 대해 선악의 구분을 짓지 말고 원수를 사랑하듯이 무차별적으로 선하게 대하면 세상이 다 선해진다는 것으로 종교적 메시지와 같다. 성인은 자기를 삼가고 마음을 혼후히 하여 천하백성에 대해 무지 무욕한 어린아이처럼 대한다는 것이다.

한자풀이

[歙(흡)] 들이쉬다, 줄어들다
[渾(혼)] 흐리다, 뒤섞이다, 멍청하다, 무지하다
[注(주)] 붓다, (뜻을)두다, 모으다
[孩(해)] 어린아이

Review

　선한 자는 나 역시 그를 선하게 여기고 선하지 못한 자도 나는 또한 선하게 여기노니 덕은 사람을 버리지 않는 선함이 있기 때문이라는 말은 기독교에서 하느님이 창조한 피조물(creature)로서 인간은 누구나 선하다는 말과도 통한다. 그런 관점에서 볼 때 남이 명백히 거짓되고 불선한 짓을 하였다고 생각될 때에도 유가의 '자기가 원하지 않는 것을 남에게 베풀지 말라(己所不欲, 勿施於人)'는 관점과 같이 자기를 잣대로 삼아 자기라면 그러하지 않았을 것임에 비추어 그 불선함으로 보이는 것의 불선하지 않음을 깨닫고 노자의 말처럼 선하지 못한 자를 또한 선하게 여길 수가 있다. 이것은 선과 악이나 인의예지의 잣대를 가지고 남을 대하지 말라는 것으로 남의 선과 악을 감별하지만 자기는 무조건 선으로써 대처한다는 것인데 남과 자기의 이분법을 가지고 보면 안 된다. 첫 구절의 '백성의 마음을 마음으로 삼는다'와 같이 전체를 하나로 보아야 하는 것이다. 선하지 않은 자, 미덥지 못한 자라는 분별심을 갖고는 있지만 남의 마음을 자기 마음으로 삼고 덕의 실천력을 발휘하여 선과 믿음을 지킨다면 남의 불선함을 탓할 일이 없게 되는 것이다.

잘 섭생하는 자에게는 죽음의 경지가 없다

出生入死. 生之徒十有三, 死之徒十有三, 人之生, 動之死地, 亦十有三. 夫何故? 以其生生之厚. 蓋聞善攝生者, 陸行不遇兕虎, 入軍不被甲兵. 兕無所投其角, 虎無所措其爪, 兵無所用其刃. 夫何故? 以其無死地.

제50장

생지로 나가고 사지로 들어간다. 자연히 생을 보전하는 무리가 열에 셋, 자연히 죽음에 이르는 무리가 열에 셋, 사람이 살아감에 움직여 사지로 가는 것이 역시 열에 셋이다. 무슨 까닭에서인가? 지나치게 살려고 들었기 때문이다. 듣건대 잘 섭생하는 자는 육지를 가도 코뿔소나 호랑이를 만나지 않고, 전쟁터에 들어가도 무기에 손상을 입지 않는다. 코뿔소는 그 뿔을 찌를 곳이 없고 호랑이는 그 발톱을 둘 곳이 없고 무기는 그 날을 쓸 곳이 없다. 어째서인가? 그에게는 죽음의 경지가 없기 때문이다.

여기서는 역시 앞 장에서 순진무구한 어린아이의 마음을 유지하기를 강조한 것처럼 세상에 살면서 인위적으로 살려고 애쓰지 않고 자연의 도에 따르면 장수할 수 있다고 말하였다. 섭생하는 것을 잘하는 자는 육지를 가도 맹수가 그에게 얼씬거리지 않고 전쟁터에서도 손상을 입지 않는다는 것이다. 이 말은 튼튼한 수비를 강조한 것처럼 보인다. 노자를 병법서로 보는 견해도 있는데 잘 섭생한다는 것은 바로 자기를 잘 지킨다는 것과 같다. 자기를 잘 지키는 사람에겐 허점이 없어 죽음이 공격할 여지가 없다는 것이다. 인위적으로 힘을 낭비하며 살려고 애쓰지 말고 무위자연의 도로 자신을 잘 섭생하는 것이 잘사는 길인 셈이다. 잘 섭생하는 자는 언제나 다침이 없이 안전할 수 있다고 하였는데 이는 불교 ≪화엄경≫에서 모든 존재는 본래 '事事無礙'하다고 보는 것과도 통한다. 한편 컴퓨터나 스마트폰, TV등 현대인이 탐닉하는 전자제품에 있어서도 그것이 하나의 고유한 사물임을 체득하고 다른 사물과 대등하게 생각해야 밖으로 돌아다닐 때 그 사물에서 영향받은 어떠한 인식상의 변화들로 하여 혼란을 겪지 않고 잘 살아갈 수가 있는 것이다.

[徒(도)] 무리
[蓋(개)] 대개, 아마
[攝生(섭생)] 양생(養生). 攝은 다스리다, 잡다, 돕다
[陸(륙)] 뭍, 육지

[遇(우)] 만나다

[兕虎(시호)] 兕는 외뿔소(코뿔소의 암컷) 시, 虎는 호랑이 호

[被(피)] 입히다, 당하다

[兵甲(병갑)] 여러 가지 병기와 갑옷

[投(투)] 던지다, 주다, 임하다

[角(각)] 뿔

[措(조)] 두다

[爪(조)] 손톱

[容(용)] 용납하다

[刃(인)] 칼날

Review

첫 구의 '출'자는 갑골문에서는 토굴 밖으로 사람이 발을 내미는 것으로 해석된다. 그렇게 볼 때 밖으로 나가 삶을 영위한다는 뜻으로 볼 수 있고 자연히 생을 보전하는 무리란 섭생을 잘하였기에 집 밖에 나가도 맹수나 무기의 공격을 받지 않는 사람들이다. 움직여 사지로 나아가는 사람은 지나치게 살려고 든 사람이라고 보았다. 예를 들면 지나치게 사업에 욕심을 부리다가 크게 망하는 사람은 이런 경우에 해당되겠다. 이는 자연스럽게 생을 보전하거나 자연스럽게 죽는 사람만 못하다. 죽음이 다가올 것에 대해 수긍할 수 있는 마음을 가진 나이의 사람은 자연스럽게 죽는 것을 받아들일 태세가 된 사람이라고 볼 수 있다. 그러나 요즈음의 새로운 트렌드 SNS 같은 네트워크를 통해 기존의 현실세계 속의 생로병사와 별도로 새로운

사이버 세상을 접하다 보면 자기가 자연스럽게 죽은 것인지 혹은 자연히 생을 보전한 것인지 애매모호한 느낌이 들 수 있다. 이 시대의 특징인 현실세계와 사이버세계를 잘 접목시켜야 한다. 몸이 현실세계에 살아있으면서도 한편 죽은 듯한 느낌을 떨쳐 버리지 못한다면 이러한 복잡한 현대사회에서 섭생을 잘 못하였기 때문은 아닌지 반성해볼 일이다. '섭생'이란 병에 걸리지 않도록 건강을 잘 관리한다는 사전적 의미가 있는데 현대과학기술의 눈부신 발전, 외계인이나 UFO에 대한 의식 등은 전통적 가치관에 혼란을 일으킬 수도 있다. 그러나 고전 속에서도 보이지 않는 존재인 귀신이라든가 초능력자에 해당하는 신들의 이야기가 있음을 상기하고 과거와 미래를 잘 조율하여 마음의 균형을 유지한다면 중심을 잡고 살아갈 수가 있다. 앞 부분에서 숫자적 비율로 '열에 셋'이라는 표현을 썼는데 이는 한편 열을 다 놓고 볼 때 현실세계가 산 자와 죽은 자가 공존하는 세계라는 관점으로 해석해 볼 수 있고 죽은 자에 속하는 느낌이 들 때 섭생에 힘써 생을 보전해야 할 것이다.

보이지 않게 만물을 낳고 길러주는 도와 덕을 귀히 여겨야 한다

道生之, 德畜之, 物形之, 勢成之. 是以萬物莫不尊道而貴德. 道之尊, 德之貴, 夫莫之命而常自然. 故道生之, 德畜之, 長之育之, 亭之毒之, 養之覆之. 生而不有, 爲而不恃, 長而不宰. 是謂玄德.

제51장

도가 낳고 덕이 기르고 만물이 형태를 이루고 환경이 형성된다. 이 때문에 만물은 도를 높이고 덕을 귀히 여기지 않을 수가 없다. 도가 높고 덕이 귀함은 (누가) 명하지 않았어도 항상 그러하기 때문이다. 그러므로 도가 낳고 덕이 기르되 자라게 하고 발육시키며 알맞게 하고 괴롭히며 길러주고 엎어버린다. 낳고도 소유하지 않고 행하고도 자부하지 않고 키우되 지배하지 않는다. 이것을 (미묘하고 심원한) 현덕이라 한다.

도가 낳고 덕이 기른다는 말은 우리말에 '아버지 날 낳으시고 어머니 날 기르시니'라는 말을 떠올릴 수 있다. 만물은 도에서 나와 덕으로 길러지니 도를 존중하고 덕을 귀히 여겨야 한다는 것이다. 만물은 도와 덕으로 하여 생육되는데 도와 덕은 낳고도 소유하지 않고 기르고도 지배하지 않는 현덕을 가진 것이다.

한자풀이

[畜(휵)] 기르다

[勢(세)] 형세, 기세, 시기

[尊(존)] 높다, 높이다, 중히 여기다

[命(명)] 명하다

[育(육)] 기르다

[亭(정)] 정자, 고르다, 평평하게 하다, 양육하다, 알맞다

[毒(독)] 독, 해치다, 괴롭히다

[覆(복)] 다시, 엎어지다, 넘어지다, 덮다

[恃(시)] 믿다, 의뢰하다, 어머니

[宰(재)] 재상, 우두머리, 주재자, 주관하다, 다스리다

Review

도가 낳고 덕이 길러주므로 도와 덕을 귀히 여겨야 한다고 하였는데 그 도나 덕은 자연스러운 것으로 인위적으로 보호의 미덕을 지속시키지 않는다. 그래서 덕이 기르고 발육시키며 괴롭히고 엎어버린

다고 하였으니 이는 그 자연의 법칙에 순응하라는 말이나 같다. 이는 자식을 낳아 기르는 부모가 알맞게 하기도 하고 괴롭히기도 하는 점이 마치 제갈량의 '七縱七擒'과 같은데 자연의 법칙에 따라 그러한 양상이 나타나는 것으로 해석해 볼 수 있다. 사람이 사물을 대함에 있어서는 필요에 따라 사용하고 버리게 되는데 사물은 사람이 움직이는 대로 따르게 마련이다. 도와 덕에 따르라는 말은 인간의 자유의지를 꺾어버리는 말이지만 한편으로는 괴로운 상황에 처했을 때 자기 의지를 가지고 더욱 발버둥쳐 괴로워할 것이 아니라 그 상황을 자연스럽게 받아들임으로써 마음을 덜 상할 수도 있다.

第52章

천지만물을 알고 그 어미인 도를 지키면 위태롭지 않다

天下有始, 以爲天下母. 旣得其母, 以知其子. 旣知其子, 復守其母, 沒身不殆. 塞其兌, 閉其門, 終身不勤. 開其兌, 濟其事, 終身不救. 見小曰明, 守柔曰強. 用其光, 復歸其明, 無遺身殃. 是爲習常.

제52장

천지만물엔 시작(도)이 있어 천하의 어미가 된다. 천지만물의 어미인 도를 얻으면 그 아이(천지만물)를 안다. 그 아이를 알고 다시 그 어미를 지키니 종신토록 위태롭지 않다. (이목구비의) 구멍을 막고 그 문을 닫으면 종신토록 수고롭지 않다. 구멍을 열고 그 일을 이루면 종신토록 구제받지 못한다. 작은 것을 보는 걸 밝다 하고 유약함을 지키는 걸 강하다 한다. 그 빛을 써서 그 밝음으로 돌아가면 몸에 재앙을 남기지 않는다. 이것이 습상(항상의 도를 익힘)이다.

도는 천지만물의 시작으로 천하의 어미인 셈이다. 어미인 도를 얻으면 그 아이인 천지만물을 알 수가 있다. 천지만물의 원리에 대해 잘 알고 그것이 비롯된 도(이때에는 원리에 가까운 의미의 도)를 지키면 종신토록 위태로움이 없다는 것이다. 신체나 감정을 두고 볼 때 오관을 통한 감각을 추구하고 오욕칠정을 발산하면 종신토록 구제받지 못한다 하였으니 종교적 차원에서 신체적·감정적 욕구를 억제함으로써 되도록 적은 욕구로 오히려 충분한 만족을 얻기를 추구한 것이다. 따라서 작은 것을 보는 것이 밝고 유약함을 지키는 것이 강하며 작은 것을 살피는 그 밝음을 써서 광명으로 돌아가면 몸에 재앙이 없게 된다는 것이다. 이것이 항상의 도를 익히는 것이다.

한자풀이

[塞(색)] 막다

[兌(태)] 바꾸다, 통하다, 서쪽, 구멍

[閉(폐)] 닫다

[勤(근)] 부지런하다, 힘쓰다, 괴로워하다

[濟(제)] 건너다, 이루다, 성공하다, 유익하다

[救(구)] 구제하다

[遺(유)] 남기다

[殃(앙)] 재앙

[習(습)] 익히다

천지만물의 시작인 도가 어미이고 그 아이가 천지만물이라는 이야기는 신과 인간의 관계를 부모자식 관계로 보는 관점과도 통한다. 자기 자신을 알고 그 어미인 도를 지킨다는 것은 자기를 잘 성찰하고 신을 받드는 것에 비유할 수 있다. 도를 지키면 위태롭지 않다고 하였고 그 구체적인 수행방법으로써 이목구비를 막는 것을 권하였다. 또한 작은 것을 보아야 하고 유약함을 지켜야 한다고 하였다. 이는 '짧고 굵게 살자'라는 모토를 내세우며 이목구비를 활짝 열고 수고롭게 사는 삶이 아니라 소극적이고 다소 소심하게 사는 방법이다. 노자는 수고로운 삶을 지양한다. 자연의 도를 따르는 것을 이목구비를 펼쳐 적극적으로 따르는 방법을 택하지 않고 이목구비를 닫고 고요히 처신함으로써 몸과 마음을 덜 수고롭게 하기를 권한다. 이는 어찌 보면 장애인 같은 부자연스러운 신체나 단순한 생활방식을 부추기는 것으로 생각해 볼 수도 있다. 그러나 실제 신체적으로 부자유스러운 사람들, 베토벤 같은 음악가가 더욱 심오한 작품을 만들 수 있는 것에서 부자유의 제한을 극복할 경우 더 원대한 세계를 만남을 알 수가 있다. 눈, 코, 입을 닫고 사는 인내를 강조한 사람으로 일본의 도쿠가와 이에야스가 있고 중국에서는 그런 사상을 반영하여 눈, 코, 입을 막은 원숭이 형상을 조각한 공예품이 있다.

작은 것을 보고 유약함을 지키라는 이 옛말은 현대의 섬세한 사이버 공간에도 적용할 수 있다. 컴퓨터가 잘 안 될 때 미세한 오류들에 화를 낼 것이 아니라 그 작음-컴퓨터의 원리-을 밝게 알고 부드럽게 대처해야지 그 세계가 주는 즐거움의 보답을 받을 수 있다.

第53章
대도는 심히 평탄한 것이다

使我介然有知, 行於大道, 惟施是畏. 大道甚夷, 而民好徑.
朝甚除, 田甚蕪, 倉甚虛, 服文綵, 帶利劍, 厭飮食, 財貨有餘,
是謂盜夸. 非道也哉!

제53장

가령 내게 견고한 지혜가 있어 큰길을 가게 된다면 오직 비스듬히
가는 것이 두려울 뿐이다. 대도는 심히 평탄하나 사람들은 작은 길
가기를 좋아한다. 조정은 심히 오염되고 밭은 몹시 황폐해지고 창고
는 텅 비어 있는데 무늬 진 비단 옷을 입고 예리한 검을 차고 물리
도록 먹고 재물이 넘치는 것, 이것을 일러 도둑질자랑이라고 한다.
도가 아니로다!

해제

여기서는 도를 현실정치에 적용시켜 위정자의 도에 위반되는 행위
를 비판하였다. 바른 자연의 대도를 따르면 공평하게 되는데 샛길을

좋아함으로써 한쪽에 치우쳐 백성들은 가난한데 위정자만 잘 먹고 잘사는 것은 도둑노릇이라는 것이다. 가끔씩 노자는 현실정치에 대해 노골적으로 비판한다.

한자풀이

[使(사)] 하여금, 설사, 가령

[介然(개연)] 고립한 모양, 변절하지 않는 모양, 단단한 모양

[惟(유)] 오직

[施(이)] 비스듬히 가다, 베풀다

[徑(경)] 지름길, 샛길

[朝(조)] 조정, 아침

[除(제)] 덜다, 버리다

[蕪(무)] 덧거칠 무

[倉(창)] 곳집

[服(복)] 입다

[綵(채)] 비단

[帶(대)] 지니다

[劍(검)] 칼

[厭(염)] 물리다

[盜夸(도과)] 도둑질 도, 자랑할 과

Review

대도는 평탄한 것으로 큰길을 갈 때 반듯이 가라는 말은 인생을

큰길로 보고 오늘만 살 것이 아니라는 걸 알고 샛길을 멀리 하라는 말과 같다. 이는 유가의 '사람에게 멀리 내다보는 생각이 없으면 가까운 근심이 있게 된다.'와 관련지어 생각해 볼 수 있다. 또 '君子大路行'이라는 말과 뜻이 같다. ≪여씨춘추≫에서도 증자가 '군자가 큰 도로를 다니는 것을 보면 그에게 부친과 스승이 있음을 알 수 있다.'라고 하였는데 유가사상과 노자사상이 상통하는 점이다. 이러한 사고방식은 건강한 것이기도 하지만 관점에 따라서는, 예를 들어 '실존이 본질에 앞선다'고 보는 것과 같은 경우 허무맹랑한 설로 받아들여질 수도 있다. 그러나 실존하는 존재에 대한 견고한 지혜를 가지고 큰길을 갈 수 있다면 이 이야기도 일리가 있다. 한편에서는 굶어죽는 사람이 있는데 풍족함이 넘쳐 방탕하게 소비한다면 도둑질자랑이 된다는 말은 공정함을 잃지 말라는 뜻이다. 공정함은 자연의 도의 법칙이기도 하다.

第54章

도와 덕을 잘 닦은 자신의 몸으로써 천하를 바라본다

善建者不拔, 善抱者不脫, 子孫以祭祀不輟. 修之於身, 其德乃眞, 修之於家, 其德乃餘. 修之於鄉, 其德乃長, 修之於邦, 其德乃豊, 修之於天下, 其德乃普. 故以身觀身, 以家觀家, 以鄉觀鄉, 以邦觀邦, 以天下觀天下. 吾何以知天下然哉? 以此.

제54장

잘 심은 것은 뽑히지 않고 잘 껴안은 것은 빠져나가지 않아 자손이 제사 지냄을 그치지 않으리라. 몸에 (그 원칙을) 닦으면 그 덕이 참될 것이고, 집을 닦으면 그 덕이 넘칠 것이고, 마을을 닦으면 그 덕이 오래갈 것이고, 나라를 닦으면 그 덕이 풍성할 것이고, 천하를 닦으면 그 덕이 두루 퍼질 것이다. 그러므로 (도를 지키고 덕을 닦은) 자신의 몸으로써 남의 몸을 바라보고, 자기 집안으로 남의 집안을 바라보고, 자기 마을로 남의 마을을 보고, 자기 나라로 남의 나라를 보고, 자기 현재의 세상으로 과거와 미래의 세상을 본다. 내가 어떻게 천하가 그러함을 알겠는가? 이로써이다.

이것은 잘 닫힌 문은 빗장이 없어도 열 수 없다는 말과 같이 이치를 논한 말인데 예를 들면 기독교에서 여호와신을 경외하고 계율을 잘 지키면 자손이 길이 잘 보전될 것이라는 말과 같이 잘 심고 잘 껴안은 것은 오래 자라고 빠져 나감이 없게 된다는 이치이다. 이것이 시간적·종적 개념임에 비해 자기 몸을 잘 닦으면 그 덕이 집과 마을과 나라와 천하에 두루 퍼져 나갈 것이라는 것은 횡적·공간적 개념이다. 한 사람의 몸에 시간과 공간이 공존하므로 도와 덕을 잘 닦은 몸으로는 남의 몸을 볼 수 있고, 나아가 남의 집안을 볼 수 있고, 남의 마을을 볼 수 있고, 남의 나라를 볼 수 있고, 현재에 있으면서 과거와 미래를 볼 수 있다는 것이다. 즉, 도와 덕을 잘 닦으면 천하를 알 수 있다는 것이다.

한자풀이

[拔(발)] 뽑다

[脫(탈)] 벗어나다

[祭祀(제사)] 제사, 신령 또는 죽은 사람의 넋에게 음식을 차려 놓고 정성을 표하는 예절

[輟(철)] 그치다

[鄕(향)] 마을

[邦(방)] 나라

[豊(풍)] 풍성하다

[普(보)] 넓다, 두루 미치다

[觀(관)] 보다

도를 잘 닦은 자기의 몸으로써 천하를 본다는 말은 바꾸어 말하면 천하를 바로 보려면 자신의 도를 잘 닦아야 한다는 말이나 같다. 유가의 '수신제가치국평천하(修身齊家治國平天下)'와 통하는 말이다. 자기 현재의 세상으로 과거와 미래의 세상을 본다는 말은 도덕률을 잘 따르면 수신을 이룰 수 있는 것에 비해 더 어렵게 느껴진다. 종교적인 입장에서는 미래의 세상을 종교적으로 상상해볼 수 있겠지만 그렇지 않은 경우 자기의 미래세상을 자기가 결정해야 하는 실존주의적 고민에 빠질 수 있다. 다소 이변이 있을 수는 있지만 매 순간마다의 자기의 선택이 누적되어 현재를 만드는 것은 분명하므로 현재 자기 몸의 도를 잘 닦으면 과거와 현재, 미래의 세상을 확연히 볼 수 있다는 뜻으로 해석해야 할 것이다.

조화(調和)를 앎을 항상이라 하고 항상을 앎을 밝음이라 한다

含德之厚, 比於赤子. 毒蟲不螫, 猛獸不據, 攫鳥不搏. 骨弱筋柔而握固, 未知牝牡之合而脧作, 精之至也. 終日號而不嗄, 和之至也. 知和曰常, 知常曰明. 益生曰祥. 心使氣曰强. 物壯則老, 是謂不道, 不道早已.

제55장

덕을 두텁게 품은 자는 갓난아이에게 비유된다. 독충들도 물지 않고 맹수도 덤벼들지 않고 움키는 새도 채가지 않는다. 뼈는 약하고 근육은 부드러워도 단단히 쥐며 아직 자웅의 교합은 몰라도 줄어들고 일어남은 정기(精氣)의 지극함이다. 종일토록 울어도 목이 메지 않음은 화기(和氣)가 지극함이다. 조화(調和)의 이치를 앎을 항상이라 하고 항상을 앎을 밝음이라 한다. 생을 더함을 상서롭다 하고 마음이 기를 부림을 강함이라 한다. 만물은 장성하면 노쇠해지는데 이것은 도를 거스르는 것이고 도가 아닌 것은 일찍 그친다.

덕은 도에 비해 길러주는 역할을 하며 '후덕하다'는 말을 잘 쓰는데 여기서도 후덕한 사람은 갓난아이 같아 다른 짐승들이 상하게 하지 않는다고 하였다. 어린아이는 아직 정욕이 없는 상태여도 형체상 남아와 여아의 구분이 있는데 이는 정기에 따른 것이라고 보았다. 서양인의 생각에 남자의 성기는 외부로 드러난 것이고 여자는 그와 반대로 안으로 들어가 있다는 생각이 있는데 여기에서 줄어들고 일어남을 여자와 남자의 생식기를 말한 것으로 보았다. 또 아이는 음양의 조화(調和)에 의해 태어난 존재로 종일 울어도 목이 쉬지 않게 되어 있다. 이러한 조화를 아는 것이 항상의 도를 아는 것이고 사리에 밝은 것이다. 음양론으로 볼 때 양에 해당되는 생을 더하는 것은 상서로운 것이다. 마음이 기를 부림은 강함이라 하였는데 기는 보통 생명, 생기를 뜻하므로 마음의 수련으로 생명을 다스릴 수 있다고 본 것이다. 끝 구절은 노자의 기본사상인데 장성하여 노쇠해지는 것은 자연의 도를 거스르는 것으로 장성해지지 않음으로써 노쇠해지지 않고 오래가기를 추구한 것이다.

[含(함)] 머금다
[赤子(적자)] 갓난아기
[毒蟲(독충)] 독벌레
[螫(석)] 쏘다, 벌레가 쏘다
[猛獸(맹수)] 맹수, 사나운 짐승

[據(거)] 근거, 의지할 곳, 의탁하다, 웅거하다

[攫(확)] 움키다, 가로채다

[搏(박)] 치다

[筋(근)] 근육, 힘줄, 식물의 섬유질

[握(악)] 쥐다

[牝牡(빈모)] 길짐승의 암컷과 수컷

[朘(전)] 줄어들다, 위축되다

[作(작)] 짓다, 일어나다

[號(호)] 부르다, 부르짖다

[嗄(사)] 잠기다, 목메다

[已(이)] 그치다

Review

덕을 두텁게 품은 사람은 갓난아기와 같이 정기와 화기가 지극하
다. 독충이나 맹수가 달려들지 않는다. 종일 울어도 목이 메지 않는
것은 조화로운 상태라고 할 수 있다. 이러한 조화의 이치를 앎이 항
상의 도를 아는 것이다. 항상의 도를 밝히 알면 생이 더해지고 마음
이 기를 다스릴 수 있다. 이는 항구적인 도에 대한 밝은 성찰을 요
구하는 말이다. 이 항상의 도는 첫 장에서처럼 말로 표현할 수 없는
것으로 어떤 구체적 언어로 확정해 둘 수 없는 것이다.

문을 꽉 닫고서도 티끌과 함께 조화를 이루는 것이 현동이다

> 知者不言, 言者不知. 塞其兌, 閉其門, 挫其銳, 解其紛, 和
> 其光, 同其塵. 是謂玄同. 故不可得而親, 不可得而疏, 不可得
> 而利, 不可得而害, 不可得而貴, 不可得而賤. 故爲天下貴.

제56장

아는 자는 말하지 않고 말하는 자는 알지 못한다. 통로를 막고, 문을 닫고, 예봉을 꺾고, 얽힘을 풀고, 광채를 부드럽게 하고, 티끌과 함께한다. 이것을 현동이라 한다. 그러므로 가까이 할 수 없고, 멀리 할 수도 없고, 이롭게 할 수 없고, 해롭게 할 수도 없다. 귀하게 할 수 없고, 천하게 할 수도 없다. 그러므로 천하의 귀함이 된다.

해제

아는 자는 말하지 않고 말하는 자는 알지 못한다는 말은 이어서 나오는 현동과 같은 의미이다. 앎과 말이 표리를 이루지 않고 혼연한 하나의 상태를 가리킨다. 이에 따르면 말을 낭비하지 않아야 한다. 말을 줄이고 예봉을 꺾는 것은 폐쇄적인 것이나 광채를 부드럽게 하고 티끌과 함께 하는 것은 어우러짐을 강조한 것이다. 이런 자세로 현실계에서 현동을 실천하면 지나치게 빛내지 말고 티끌과 함께 지나치게 빛내지 말고 티끌과 함께 섞인다는 것으로 우리말에 '살아 있어도 산 것이 아니고 죽었어도 죽은 것이 아니다'라는 말과 통하고 또한 기독교에서 '산 자와 죽은 자를 심판하리라'라 한 말에서와 같이 현실계가 삶과 죽음이 공존하는 세계임을 상기하게 한다. 이러한 현실계에서 현동을 실천하면 이해나 귀천이 날카롭게 예봉을 드러내지 않아 결국 귀함이 된다는 것이다.

한자풀이

[挫(좌)] 꺾다
[銳(예)] 날카롭다
[解(해)] 풀다
[紛(분)] 어지럽다, 엉클어지다
[塵(진)] 티끌, 먼지
[疏(소)] 성기다, 멀어지다

Review

앞 장에서 조화를 이야기한 것에 이어 이 장에서도 광채를 부드럽게 하고 티끌과 함께하는 현동을 이야기했다. 아는 자는 말하지 않고 말하는 자는 알지 못한다고 한 것은 언어로 표현해내는 인위적인 행위가 상도에서 벗어난 것임을 뜻한다. 문을 닫고 예봉을 꺾고 혼연한 상태로 있는 것이 더 진실한 상태이다. 광채를 부드럽게 하여 티끌과 함께한다는 것은 자기의 맑음이나 빛남을 고수하지 말고 탁함과 조화를 이루라는 말로도 해석되지만 한편 가까이할 수도 없고 멀리할 수도 없으면 이롭게 할 수도 없고 해롭게 할 수도 없는데 그것을 더 나은 상태로 보았으니 조화 속에 거리감을 유지할 것을 말했다. ≪장자≫의 ≪養生主≫편에 '선을 행함에 이름나기를 구하지 말고 악을 행하여 형벌에 가깝게 되지 말라. 선악을 잊어버리고 자연의 중도를 따르면 자신을 보전하고 천성을 보전하여 천연의 수명을 향유할 수 있다'고 하였는데 '현동'과 비슷한 이야기이다. 이는 공자의 '和而不同(화이부동)'과도 통하는 말이다. 있는 듯 없는 듯한 현대의 사이버 공간에서도 그 의미를 되새겨 볼 수 있다.

第57章
아무 일도 하지 않고 고요히 있음으로써 천하를 다스린다

以正治國, 以奇用兵, 以無事取天下. 吾何以知其然哉? 以此. 天下多忌諱, 而民彌貧. 朝多利器, 國家滋昏. 人多伎巧, 奇物滋起. 法令滋彰, 盜賊多有. 故聖人云. 我無爲而民自化, 我好靜而民自正, 我無事而民自富, 我無欲而民自樸.

제57장

올바름으로 나라를 다스리고 놀라운 기교로 군사를 쓰되 아무 일도 하지 않음으로써 천하를 차지한다. 내가 어찌 그것이 그러함을 알겠는가? 다음으로써이다. 천하에 꺼리고 피하는 법령이 많을수록 백성들은 더 가난해지고 조정에 날카로운 권모술수가 많을수록 나라는 더욱 혼란해지며 사람들에게 '지교(智巧)'가 많을수록 기괴한 물건이 많이 생겨나며 법령이 지나치게 분명할수록 도둑은 많아진다. 그러므로 성인은 말한다. 내가 무위를 행하니 백성들이 절로 교화되고 내가 고요함을 좋아하니 백성들이 절로 올바르게 되고 내가 아무 일이 없으니 백성들이 절로 부유해지고 내가 욕심이 없으니 백성들이 절로 순박해진다.

이 장에서는 늘 강조하는 위정자의 무위자연의 정치태도를 다시 강조하였다.. 인위적인 인의예지를 부정하듯이 인위적인 법령이나 권모술수, 지교(智巧)가 많을수록 나라가 더 혼란해지므로 아무 일도 하지 않음으로써 천하를 다스리는데 이것이 곧 무위자연의 태도이자 올바른 도라고 보았다. 노자는 항상 동보다는 정을 강조한 것처럼 위정자는 높은 차원인 고요함으로써 처신해야 한다고 보았다.

한자풀이

[奇(기)] 빼어나다
[忌諱(기휘)] 꺼리어 싫어하다
[滋(자)] 불어나다
[伎(기)] 재간, 재주, 방술
[彰(창)] 드러나다, 선명하다
[盜賊(도적)] 도적

Review

노자는 궁극적으로 경쟁이 없는 원시적 사회, 소박한 생활을 추구하므로 조정의 권모술수나 지교로 만들어내는 문명의 이기들에 반대되는 입장을 취한다. 그러나 위정자는 올바름으로써 나라를 다스리므로 아무 일도 하지 않더라도 백성들이 절로 교화되고 올바르게 되

고 또 부유하게 된다는 것이다. 노자의 졸박함의 추구, 지교로 만들
어내는 문명의 이기에 대한 부정적 태도는 중국 사대부들의 사상에
도 영향을 미쳐 기계문명의 발전을 더디게 하였다고 볼 수 있다. 그
러나 노자가 부정한 기계문명이 사실상 현대사회에서 끊임없는 생산
을 계속하는 암컷처럼 수많은 제품을 무수히 쏟아내고 있는 것을 보
면 현대사회에서 기계문명은 자연화되었다고 볼 수 있다.

다스림이 어수룩하면 백성들이 순후해지고 세밀하면 약아진다

其政悶悶, 其民醇醇, 其政察察, 其民缺缺. 禍兮福之所倚,
福兮禍之所伏. 孰知其極? 其無正. 正復爲奇, 善復爲妖. 人之
迷, 其日固久. 是以聖人方而不割, 廉而不劌, 眞而不肆, 光而
不耀.

제58장

그 다스림이 어수룩하게 답답하면 그 백성들이 순후해지고, 그 다
스림이 가차 없이 밝고 세밀하면 그 백성들이 약아진다. 화는 복이
기대는 곳, 복은 화가 숨어 있는 곳, 누가 그 종말을 아는가? (화복
에는) 바로 정해짐이 없는 듯 바른 것은 다시 기이해지고, 선한 것은
다시 요사스러워진다. 사람이 미혹된 지 그날이 실로 오래 지났다.
이 때문에 성인은 네모 반듯하되 자잘하게 쪼개지 않고, 날카롭되
(청정무위하여) 남을 상케 하지 않고, 참되되 방자하지 아니하고, 빛
나되 (감추어) 눈부시지 않다.

이 장 역시 위정의 도를 말하였다. 다스림이 가차 없을수록 백성
들이 약아진다는 것은 예를 들면 학생들의 커닝을 엄히 막을수록 커
닝 방법이 교묘해진다는 말과 같다. 화와 복은 역시 노자의 변화의
도에 따라 종말을 알 수 없이 변증법적으로 변화한다. 일반 사람은
항상 미혹되어 선해졌다가 악해졌다가 하지만 성인은 네모 반듯함을
유지하되 나머지를 잘라내지 않고, 모서리가 있어도 원만하여 남을
상케 하지 않으며, 진실하되 방자하지 않고, 빛나되 남의 눈을 부시
게 하지 않는다는 것이다.

한자풀이

[悶(민)] 답답하다, 번민하다, 혼미하다, 사리에 어둡다
[醇(순)] 전국술 순(군물을 타지 아니한 진국의 술), 진하다, 도탑
　　　　다, 순박하다
[察(찰)] 살피다, 밝고 자세하다
[缺(결)] 이지러지다, 모자라다, 부족하다
[倚(의)] 기대다
[伏(복)] 엎드리다, 감추다, 잠복하다
[妖(요)] 요사스럽다, 요염하다, 아리땁다
[迷(미)] 미혹되다
[固(고)] 실로, 진실로
[割(할)] 베다, 갈라서 찢다, 쪼개다
[廉(렴)] 청렴하다, 검박하다, 날카롭다

[劌(귀, 궤)] 상처를 입히다

[肆(사)] 방자하다, 곧다, 찌르다

[耀(요)] 빛나다, 광휘를 발하다, 현혹되다, 미혹되다

Review

다스림이 어수룩해야 백성들이 순후해진다고 하였고 화와 복은 순
환한다고 하였다. 순환의 법칙으로 볼 때 순박한 원시사회에서 지교
가 극도로 발달한 기계문명 사회로 발전하였으니 기계문명의 기반
위에서 다시 순박한 상태로 되돌아갈 차례이다. 이것은 기계, 컴퓨터
나 생활상의 갖가지 가전제품 등을 자연물처럼 대상화하고 그것을
다룸에 있어 지나치게 간섭하지 말고 적절히 사용하는 것, 가능한
단순하게 사용하는 것으로 실천에 옮겨볼 수 있겠다. 성인은 네모
반듯하되 나머지를 잘라내지 않는다는 것은 안정감있게 제 자리를 유
지한다는 뜻이고 빛나되 남의 눈을 부시게 하지 않는다는 것은 주변
과 조화롭게 어울린다는 것으로 동양적 전통사상의 특성을 보인다.

第59章

정신을 아끼고 지식을 줄이는 인색함이 도에 따르는 길이고 덕을 쌓는 길이다

治人事天, 莫若嗇. 夫唯嗇, 是以早服, 早服謂之重積德, 重
積德則無不克, 無不克則莫知其極, 莫知其極, 可以有國, 有
國之母, 可以長久. 是謂深根固柢, 長生久視之道.

제59장

사람을 다스리고 하늘을 섬기는데 인색(정신을 아끼고 지식을 줄임)한 것만큼 좋은 것이 없다. 대저 인색해야만 일찍이 도에 따르게 된다. 일찌감치 도에 따르는 것을 덕을 두텁게 쌓음이라 한다. 덕을 두텁게 쌓으면 이겨내지 못할 것이 없다. 이기지 못할 것이 없으면 그 역량의 끝을 알 수 없다. 그 역량의 끝을 알 수 없으면 나라를 가질 수 있다. 나라를 가진 어미는 오래도록 갈 수 있다. 이를 일러 깊고 굳은 뿌리라 하며 장생하고 오래 사는 도리이다.

해제

소박함을 내세우는 노자는 사람을 다스리거나 하늘을 섬기는 데에도 최소한으로 아낄 것을 강조하였다. '부복(嗇服)'의 '服'자는 '復'으로 된 판본도 있는데 항상의 도에로 일찍 돌아간다는 뜻으로 본 것이다. 왕필의 노자주에서는 '莫過嗇(농부보다 지나치게 하지 말라)'이라 보았고 '嗇'을 '농부'라고 보았다. 농부가 밭을 다스림에는 잡풀을 뽑아내고 고르게 하는 데 힘쓰며 전적으로 자연에 따르고 그것이 잘못될까 봐 노심초사하지 않듯이 위로 하늘을 따르고 아래로 백성을 다스림에 이보다 지나치게 하지 말라는 뜻이라고 보았다. 자연의 도에 따르는 농부처럼 하라는 뜻이다. 여기에서 하늘은 자아가 있는 하느님으로 본 것이 아니라 자연의 도로 본 듯하다. 자연의 도를 따라서 인간이 자기의 정신이나 기력을 쓰는 데 있어 인색할수록 도에 다다르게 된다는 말뜻으로 보인다. 제38장에서 '최상의 덕은 인위적으로 (덕을) 베풀지 않는 것이다'라고 말한 것과 비교해 볼 수 있다. 인색하게 함으로써[4] 도에 따르고 덕을 두텁게 쌓으면 그 역량이 끝 간데를 알 수 없고 나라를 가지게 된다고 보았다. 우리말에 콩 심은 데 콩 나고 팥 심은 데 팥 난다는 말처럼 자연의 도를 따르면 자연의 도가 베풀어주는 혜택을 받게 된다. 어느 종교나 그 믿음을 믿고 실천하면 다 그에 맞는 보상이 있게 된다. 이 무심 무욕한 자연의 도는 사람에 대해서 인위적으로 열성적인 태도를 갖지 않는다. 오히려 인색한 것이 적당하다. 하늘에 대해서도 너무 열광하지 않는다. 그런 인색한 태도에 맞게 자연의 도는 자연스런 보답을 베풀어줄 것이라는 뜻으로 보인다. 자연의 도에 따라 인색하게 행하면 극락세계는 아니지만 현세에서 어떤 변화에도 흔들리지 않는 굳건한 역량을

---

4) 삼민서국본 ≪노자독본≫에서는 노자가 강조한 유약함에 속하는 성질로 '낮춤. 굽힘.'등 여러 가지를 열거하면서 '인색함'도 거기에 넣었다.

갖게 된다.

[莫若(막약)] ~만 같은 것이 없다
[嗇(색)] 인색하다, 아끼다, 아껴 쓰다. 곡식을 거두다

Review

사람을 다스리거나 하늘을 섬기는데 정신을 아끼고 지식을 줄이는 것이 일찌감치 도에 따르는 것이라고 하였다. 이것은 자연의 도에 따라 인간이 성장하면 인위적으로 길게 고민할 것 없이 결혼하고 자식을 낳는다는 사고방식에 비교해볼 수 있다. 또한 위정자는 무위로써 백성을 다스린다는 말이고 하늘을 섬김에 있어서도 지나치지 않게 섬겨야 한다는 말로 생각해 볼 수 있다. 일찌감치 도에 따르는 것을 덕을 두텁게 쌓는 것이라고 보았는데 이때 도와 덕을 전통적인 관점에서 남녀에 비교해보면 하늘을 자칭하는 남자를 도로, 도를 따르는 덕을 여자로 생각해 볼 수 있다. 덕을 두텁게 쌓으면 이겨내지 못할 것이 없고 나라를 가진 어미가 될 수 있다는 말은 구체적으로 여자가 남자를 따라서 힘을 갖게 되고 아이를 낳음으로써 자손이 길이 보전되는 것에 비교해볼 수 있다. 오늘날의 여자들은 일찌감치 남자를 따르지 않고 결혼을 늦추거나 하지 않거나 하는데 이 도와 덕의 전통적 관계에 비출 때 자연스러운 현상이 아니다. 하지만 변화하는 시대상황에 맞추어 그 이론을 나름대로 잘 변형시켜 적용한다면 역시 장생을 도모할 수 있을 것이다. 또한 정신을 아끼고 지식

을 줄이는 인색함이 좋다는 말을 현대 기계문명에 적용해 본다면 하나하나의 기계에 정신을 쏟아 붓지 말고 기계들을 단순하게 활용함으로써 스트레스 받지 않고 더 많은 자유를 누릴 수 있음을 생각해 볼 수 있다.

청정무위의 도로써 천하에 임하면 귀신도 신력을 못 쓴다

治大國, 若烹小鮮. 以道莅天下, 其鬼不神. 非其鬼不神, 其
神不傷人. 非其神不傷人, 聖人亦不傷人. 夫兩不相傷, 故德
交歸焉.

제60장

큰 나라를 다스리는 것은 작은 생선을 조리하는 것처럼 한다. (청
정무위의) 도로써 천하에 임하면 그 귀신도 신력을 못 쓴다. 그 귀신
이 신령스럽지 못할 뿐 아니라 그 신도 사람을 해치지 못한다. 그
신이 사람을 해치지 못할 뿐 아니라 성인도 역시 사람을 해치지 못
한다. 대저 서로가 서로를 해치지 못하니 덕 있는 사귐이 (백성에게)
돌아간다.

해제

큰 나라를 다스리는 것을 작은 생선을 뒤집듯이 조심스레 한다는
말은 유명한 말로 무위의 정치를 강조한 말이다. 청정한 무위의 도

로써 일관하면 귀신이나 신, 심지어 자아가 있는 하느님 같은 성인도 역시 사람을 해치지 못한다는 것이니 도의 힘을 가장 강한 것으로 본 것이다.

한자풀이

[治(치)] 다스리다
[烹(팽)] 삶다
[鮮(선)] 곱다, 싱싱하다, 생선
[莅(리)] 다다르다, 임하다, 지위
[歸(귀)] 돌아가다

Review

청정무위의 도로써 천하에 임하면 귀신도 신력을 못 쓴다는 말은 아무리 혼탁한 세상이고 귀신이 난을 부린다 하더라도 청정한 마음가짐을 유지하면 그것을 이겨낼 수 있다는 말이다. 귀신이나 신이나 성인이 사람을 해치지 못한다. 이때 귀신이나 신이나 성인을 사람보다 능력 있는 존재로 상정하고 청정한 마음으로써 그것을 이겨낼 수 있다고 본 것인데 자기 자신이 청정무위의 도를 잘 닦아 행할 수 있으면 사람이 곧 귀신이나 신이나 성인과 같아져서 평정상태를 유지할 수가 있다. 이것은 사람이 하늘의 지배를 받는 존재자가 아니라 자기 자신이 주체적으로 환경을 움직이는 존재라고 생각하는 견해와도 일맥상통한다.

第61章

혹은 낮춤으로써 얻고 혹은 낮추었으나 얻게 되는데 큰 나라가 아래가 되어야 한다

大國者下流, 天下之交. 天下之牝, 牝常以靜勝牡, 以靜爲下. 故大國以下小國, 則取小國, 小國以下大國, 則取大國. 故或下以取, 或下而取. 大國不過欲兼畜人, 小國不過欲入事人. 夫兩者各得所欲, 大者宜爲下.

제61장

큰 나라는 강의 하류같이 천하가 섞이는 곳이다. 천하의 암컷이며 암컷은 늘 고요함으로 수컷을 이기고 고요함으로 아래가 된다. 그러므로 큰 나라가 작은 나라 아래에 처한 즉 작은 나라를 얻고(작은 나라의 신임을 얻고) 작은 나라가 큰 나라 아래에 처한 즉 큰 나라를 얻게 된다(큰 나라의 장점을 겸비한다). 그러므로 혹은 낮춤으로써 얻고 혹은 낮추었으나 얻게 된다. 큰 나라는 겸하여 남을 기르려 할 뿐이고 작은 나라는 들어가 남을 섬기려 할 뿐이다. 대저 두 가지가 각기 하고자 하는 바를 얻으려면 큰 것이 마땅히 아래가 되어야 한다(작은 나라가 아래가 되면 자신을 보전함에 그치지만 큰 나라가 아래가 되면 천하가 그리로 섞이게 되므로).

해제

여기서는 대국과 소국에 대해 이야기하였는데 큰 나라는 강의 하류, 즉 바다로서 천하가 섞이는(사귀는) 곳이며 천하의 암컷으로 고요함으로써 아래에 처한다고 보았다. 이것은 노자를 춘추전국시대에 쓰인 것으로 보고 당시 주(周) 왕실이 명목상으로나마 존재하고 있었고 여러 제후국들이 겸병전쟁을 하고 있었던 것을 고려할 때 강대국과 약소국의 관계는 강대국이 낮추어 약소국을 포용해야 한다고 본 듯하다. 낮춤의 미덕을 강조한 이 말은 '마음을 비우라', '하심(下心)하라'라는 말과 통한다.

한자풀이

[牝(빈)] 암컷, 골짜기
[牡(모)] 수컷, 양(陽), 양성(陽性)
[宜(의)] 옳다, 마땅하다

Review

큰 나라는 강의 하류같이 천하가 섞이는 곳이라고 하였는데 이는 물의 물리적 특성을 말한 것으로 아래를 향해 흐르는 물이 한 곳에 모이는 것을 여성적 존재로 파악하고 낮은 곳에 처하는 암컷이 고요함으로써 수컷을 이긴다고 하였다. 큰 나라가 마땅히 아래가 되어야 한다고 한 것은 암컷이 포용력을 갖고 낮추어야 한다고 본 셈이다. 대체로 상식상 하늘과 땅을 상하관계로 인식하게 되는데 노자는 하늘과 땅 외에도 땅과 물의 상하관계를 중요시하였다. 유약하게 낮은 곳에 처하는 물이 굳센 바위나 땅보다도 강하다고 본 것이다. 큰 나라는 천하가 섞이는 강의 하류나 바다 같은 낮은 곳에 위치하는 존재로 자처해야 마땅하다고 보았다. 그러면 겸하여 작은 나라를 기를 수가 있다. 이같은 물의 포용력은 현대 과학의 시각에서 볼 때 물이 서로 다른 용질을 녹이는 용매역할을 잘 수행한다는 점에서도 알 수 있다.

사람이 선하지 못하더라도 도를 지키기만 하면 버리지 않는다

> 道者萬物之奧. 善人之寶, 不善人之所保. 美言可以示尊, 美行可以加人. 人之不善, 何棄之有? 故立天子, 置三公, 雖有 拱璧以先駟馬, 不如坐進此道. 古之所以貴此道者何? 不曰.... 求以得, 有罪以免邪? 故爲天下貴.

제62장

도란 만물의 깊숙한 곳. 착한 사람의 보배, 선하지 않은 자가 기르는 것이다. 아름다운 말은 존경을 얻게 하고 아름다운 행동은 사람에게 응하게 한다. 사람이 선하지 못하다고 해서 (아름다운 말과 행동이 없지만 도를 지키기는 한다면) 어찌 버리겠는가? 그러므로 천자를 세우고 삼공을 둠에 비록 큰 옥을 받쳐 들고 사마를 뒤따르게 하는 예를 행하여도 무릎 꿇고 이 도를 올리는 것만 못하다. 옛날에 이 도를 귀하게 여긴 것은 무엇 때문인가? (도를 닦으면) 구함을 그로써 얻고 죄가 있어도 그로써 사면받을 수 있기 때문이 아닐까? 그러므로 (도는) 천하의 귀한 것이다.

노자는 항상 변화하는 도를 강조하므로 어찌 보면 선과 악의 구별도 없는 듯해 보이지만 궁극적으로는 자연이 올바르게 한다고 보았으므로 여기에서도 도란 착한 사람들이 아끼는 보배이고 착하지 않은 사람도 그것을 기르는 것이라고 하였다. 아름다운 말과 행동보다도 도를 지키는 것을 가장 중요시하였다. 도가 가장 귀하므로 도를 지키고 닦으면 구하는 것을 얻고 죄를 사면받을 수 있다고 보았다. 이것은 회개하면 죄 사함을 받을 수 있다는 예수의 말과 통한다. 이러한 말은 자연의 도에 기복 신앙적 성격까지 부여한 것이다.

한자풀이

[奧(오)] 깊다, 깊숙한 안쪽

[寶(보)] 보배

[保(보)] 지키다, 보존하다, 기르다

[尊(존)] 높이다, 존경하다

[加(가)] 더하다, 몸에 붙이다, 미치다, 베풀다

[棄(기)] 버리다

[置(치)] 두다

[拱(공)] 받들다

[璧(벽)] 벽옥, 구슬, 둥근 옥

[駟馬(사마)] 한 채의 수레를 메고 끄는 말

[免(면)] 면하다

[邪(야)] 어조사, 사악하다

도란 만물의 깊숙한 곳으로써 착한 사람이나 착하지 않은 사람이나 다 기르는 것이라고 하였다. 만물의 깊숙한 곳이라 하였는데 이는 도를 닦아 이르게 되는 청정한 곳이라고 생각할 수 있다. 예를 들어 전통사상에서 사람 몸 어디에 귀신이 거처하고 있다고 보는 생각과 같이 만물의 깊숙한 곳 어디에 도가 있다고 생각해 볼 수 있다. 사람에게 아름다운 말과 행동이 없어도 도를 지키기만 한다면 버릴 수 없다는 말은 도를 기르는 '사람'이란 존재는 앞에서도 말했듯이 기독교의 이른바 '하느님의 피조물은 모두 신성하다'라는 생각과도 통한다. 자신이 주체가 되어 볼 때에도 스스로를 잘 살펴 도를 닦는다면 스스로 마음의 평화를 얻을 수 있으니 죄 사함을 받을 수 있는 길이고 따라서 도는 천하의 귀한 것이 된다.

쉬운 곳에서 어려운 일을 도모하고 섬세한 것에서 큰일을 행한다

爲無爲, 事無事, 味無味. 大小多少, 報怨以德. 圖難於其易,
爲大於其細. 天下難事, 必作於易; 天下大事, 必作於細. 是以
聖人終不爲大, 故能成其大. 夫輕諾必寡信, 多易必多難. 是
以聖人猶難之, 故終無難矣.

제63장

무위를 행하고 무사를 일삼고 무미를 맛본다. 작은 것을 크게 여기고 적은 것을 많게 여기고 원수를 덕으로써 갚는다. 쉬운 곳에서 어려운 일을 도모하고 섬세한 것에서 큰일을 행한다. 천하의 어려운 일은 반드시 쉬운 것에서 일어나고 천하의 큰일은 반드시 세세한 것에서 생겨난다. 이 때문에 성인은 종내 큰일을 행하지 않음으로써 고로 그 큼을 이룬다. 대저 승낙이 가벼우면 필시 믿음이 적고 쉬움이 많으면 어려움이 많다. 이 때문에 성인은 오히려 어렵게 여기므로 고로 종내 어려움이 없게 된다.

여기서는 성인의 처세술을 말하였다. 무위, 무사, 무미는 자연스러움에서 더 나아가 소극적인 태도이다. 노자는 현실에 대한 소극적 사상을 발휘하여 작은 것을 크게 여기고 적은 것을 많다고 보고 원수를 덕으로 갚으라 하였다. 원수를 덕으로 갚으라는 것은 기독교의 '원수를 사랑하라'는 말과 통한다. 스스로 손해 보거나 축소시키거나 없는 상태로 생각함으로써 결국은 큰 일이 작은 것에서 발단이 됨을 통찰하게 된다. 그렇다고 전혀 아무것도 안 함을 촉구한 것이 아니라 작고 세세한 것에 힘쓰기를 촉구하였다. 어떤 일에 대해 승낙이 가벼우면 믿음이 적게 되고 쉬움이 누적되면 어려움이 생긴다고 보았다. 이러한 이치를 아는 성인은 오히려 일을 먼저 어렵게 여김으로써 결국 어려움을 이겨낸다는 것이다.

한자풀이

[報(보)] 갚다

[怨(원)] 원수, 원한

[圖(도)] 도모하다

[難(난)] 어렵다

[易(이)] 쉽다

[輕(경)] 가볍다

[諾(낙)] 허락하다, 승낙

[寡(과)] 적다

[猶(유)] 오히려

[終(종)] 마침내, 종

Review

무위, 무사, 무미는 결국 작은 것을 크게 여기고 적은 것을 많게 여기고 원수를 덕으로 갚는 것과 같은 말이다. 아무것도 하지 않음을 통해 어떤 것을 함의 커다란 의미를 되새기게 되고 아무 맛도 없는 것을 통해 맛이 있는 것의 큰 의미를 깨닫게 된다. 이것은 곧 작은 일에서 큰일이 비롯됨과 같다. 그러나 '무'를 거듭 강조한 것은 유와 무가 상생하는 현실계에서 무에 비중을 더 둔 셈이다. 처세에 활용한다면 작은 일을 크게 보고 어렵게 보면 결국 정성을 들이게 되어 큰일을 이루기가 오히려 쉽게 된다. 중국의 속담에 '생각은 원대하게, 착수는 작은 것에서부터'라는 말이 있는데 바로 앞의 작은 일에 정성을 쏟기를 권한 것이다. 작은 것을 크게 보는 방법은 역시 '무'로 환원하여 무위, 무사, 무미에서 출발하는 것이 기본적인 방도이다. 즉, 욕심을 최대한 줄임으로써 도에 가까워지는 방법이다.

아름드리 나무도 털끝만 한 싹에서 자라나고 천 리 길도 발밑에서 시작된다

其安易持, 其未兆易謀, 其脆易泮, 其微易散. 爲之於未有, 治之於未亂. 含抱之木, 生於毫末, 九層之臺, 起於累土, 千里 之行, 始於足下. 爲者敗之, 執者失之. 是以聖人無爲故無敗, 無執故無失. 民之從事, 常於幾成而敗之. 愼終如始, 則無敗 事. 是以聖人欲不欲, 不貴難得之貨, 學不學, 復衆人之所過. 以輔萬物之自然, 而不敢爲.

제64장

그 안정된 것은 유지하기가 쉽고 그 조짐이 보이기 전에는 꾀하기가 쉽고 취약할 때는 깨지기가 쉽고 미미할 때는 흩어지기가 쉽다. 아직 일이 있기 전에 그것을 하고 아직 혼란이 오기 전에 그것을 다스려라. 아름드리나무도 털끝만 한 싹에서 자라나고 아홉 층의 누대도 한 광주리 흙에서 시작되며 천 리 길 떠남도 발밑에서 시작된다. 의도적으로 하려는 자는 실패하고 잡으려는 자는 잃는다. 이 때문에 성인은 무위하여 패하지 않으며 잡지 않아 잃지 않는다. 사람들은 일을 함에 항상 다 이루어질 때쯤 망친다. 마지막을 처음처럼 신중히 한다면 일을 망치지 않게 된다. 이 때문에 성인은 욕심내지 않기를 욕구하며 얻기 어려운 재물을 귀히 여기지 않으며 배우지 않음을 배우고 뭇 사람들이 지나친 바를 회복시킨다. 만물의 자연스러움을 돕고 감히 작위를 하지 않는다.

해제

이 장은 사리에 대해 말하였는데 앞부분은 병법론적인 특성을 보이는 글이다. 역시 큰일이 작은 것에서 시작되는 중요성을 말하였고 무심무욕의 위력을 강조하였다. 무위로써 패하지 않고 잡지 않아 잃지 않는다는 말은 현실에 대한 중용적인 태도를 강조한 말이다. 끝내기를 처음처럼 신중히 해야 일을 망치지 않는다는 말은 늘 주장하는 소극적인 태도에 강한 실천의지를 덧붙인 말이다. 따라서 성인은 무욕 무심한 행을 견지하는 실천력으로써 뭇 사람들의 지나침을 바로잡고 만물의 자연스러운 순환을 돕는다는 것이다.

한자풀이

[持(지)] 가지다

[兆(조)] 조짐, 징조

[謀(모)] 꾀하다

[脆(취)] 취약하다

[泮(반)] 물가, (얼음이)녹다, 풀리다

[散(산)] 흩어지다

[含(함)] 머금다, 싸다, 담다

[抱(포)] 안다, 품다, 아름

[毫末(호말)] 터럭 끝, 티끌만한 작은 일

[層(층)] 층, 계단

[臺(대)] 누대(높고 평평한 건축물)

[起(기)] 일어나다, 시작되다

[累(루)] 쌓다

[敗(패)] 패하다, 망치다

[執(집)] 잡다

[幾(기)] 거의

[愼(신)] 삼가다

[如(여)] 같다

[始(시)] 비롯하다, 처음

[衆(중)] 무리

[輔(보)] 돕다

Review

이 장에서도 앞 장에서와 같은 맥락의 이야기를 전개하였다. 아름
드리나무도 털끝만 한 싹에서 자라난다. 이것은 사람의 출생과 성장
에도 해당된다. 작은 출발에 신중을 기하고 처음처럼 마지막까지 정
성을 다한다. 중국의 속담에 '천리 길도 발걸음에서 시작된다'는 말
이 있는데 노자의 이 구절은 어쩌면 전해 내려오는 옛말을 적은 것
인지 모른다. 이 장에서 '..하기에 쉽다'는 말을 반복한 것을 두고 노
자가 무위만 강조한 것이 아니라 작은 노력으로 큰 효과를 얻어내고

자 한 것이라고 본 견해가 있다. (≪인간경영 노자 오딧세이, 아이템
북스≫) 성인은 욕심내지 않고 얻기 어려운 재물을 귀히 여기지 않
고 배우지 않음을 배운다. 이것을 독신자의 경우에 붙여 말한다면
사람 욕심을 내지 말고 남이 결혼하여 가정을 꾸리는 제도를 배우지
않음을 배우는 것으로 생각해 볼 수 있다. 소욕지족의 삶을 견지하
다 보면 뭇 사람들이 지나친 바를 절로 바로잡는 효과가 있게 된다.
뭇 사람들의 지나친 바는 시대에 따라 달라질 수 있을 것이다.

지혜로써 나라를 다스리면 백성들을 다스리기가 어려워진다

古之善爲道者, 非以明民, 將以愚之. 民之難治, 以其智多. 故以智治國, 國之賊, 不以智治國, 國之福. 知此兩者亦稽式. 常知稽式, 是謂玄德. 玄德深矣遠矣, 與物反矣! 然後乃至大順.

제65장

옛날에 도를 잘 행하는 사람은 백성들을 똑똑하게 만들지 않고 그들을 우매하게 하였다. 백성들을 다스리기 어려운 것은 그들이 지혜가 많아서이다. 그러므로 지혜로써 나라를 다스리는 것은 나라를 해치는 것이고 지혜를 쓰지 않고 다스림은 나라의 복이다. 이 두 가지를 아는 것이 바로 법식에 맞는 것이다. 항상 법식에 맞춤을 아는 것, 이것을 현덕이라 한다. 현덕은 깊고 아득하다. 만물과 순박한 경계로 되돌아간다. 그런 후 큰 순종에 이르게 된다.

해제

위정자의 정치태도를 말하였는데 흔히 지적하는 노자의 우민정치론이지만 백성들이 느끼는 행복감은 클 수가 있다. 인의예지가 도를 잃은 후에 생겨난 것으로 보는 노자에게 있어 지혜를 쓰지 않고도 나라를 다스릴 수 있음은 나라의 복이라고 하였다. 이런 준칙을 항상 알고 있는 것이 현덕이라 하였는데 이 현덕은 아득하여 만물과 순박한 경계로 되돌아가게 한다고 하였으니 『구약성서』 「창세기」의 아담과 이브가 지혜를 알게 되는 선악과를 따 먹기 전의 상태로 되돌아감과 비교할 수 있다.

한자풀이

[愚(우)] 어리석다

[賊(적)] 해치다, 도적

[稽(계)] 상고하다, 헤아리다, 논의하다, 맞다, 서로 같다

[順(순)] 순하다, 따르다, 순종하다

Review

노자는 태곳적의 순박한 경계, 큰 순종의 상태를 지향한다. 이것은 갓난아기에 비교할 수 있다. 아기가 자라 영리해지면 다스리기 어려워지듯 백성들도 지혜가 많아지면 다스리기 어려워진다. 지혜를 쓰지 않고 다스림이 나라의 복이라 하였는데 이는 기계문명이나 사이버 공간에서도 적용해볼 수 있다. SNS 공간에서 발견할 수 있는 자잘한 오류나 문제점들을 지혜를 적용하지 않고 혼후한 상태로 내버려두고 넘어가는 것, 이것은 백성을 자연의 도에 맡기는 것과 같다. 백성을 영리하게 하지 않기, 지혜를 쓰지 않고 다스리기, 이 두 가지

를 지키는 것이 법식에 맞추는 길이고 항상 법식에 맞추는 것이 현덕이라는 것이다. 중국고전의 사고방식으로 본다면 일반 백성을 '黔首'나 '蒼生'으로 단순화시켜 다스리는 것에 비교해 볼 수 있다. 이러한 지혜의 부정, 순박함의 추구는 일견 고요함에 처하면 만물이 일어나고 사라짐을 똑똑히 볼 수 있다는 말과 상충되는 듯이 보인다. 생각을 지극히 고요히 하여 세상사를 관조하면 불교의 '緣起說(연기설)'처럼 이 일과 저 일이 상관관계를 이루며 일어나고 무성하게 뻗어감을 알 수 있다. 그것을 관찰하여 어떤 규칙을 알아내고 그것을 이용하여 조화를 부린다면 결국 지혜를 써서 나라를 다스리는 셈이고 나라를 해치는 것이 된다. 노자는 맑고 고요한 정신세계와 함께 현실속 처세상의 혼후함과 현덕을 강조한다.

第66章
강과 바다가 온갖 계곡의 왕이 되는 것은 잘 낮추기 때문이다

> 江海所以能爲百谷王者, 以其善下之, 故能爲百谷王. 是以
> 聖人欲上民, 必以言下之, 欲先民, 必以身後之. 是以聖人處
> 上而民不重, 處前而民不害. 是以天下樂推而不厭. 以其不爭,
> 故天下莫能與之爭.

제66장

강과 바다가 온갖 계곡의 왕이 될 수 있는 까닭은 그것이 잘 낮추기 때문이다. 그러므로 온갖 계곡의 왕이 될 수 있다. 이 때문에 성인은 백성 위에 오르고자 하면 반드시 말(고, 과, 불곡)로써 스스로를 낮추고 백성 앞에 서고자 하면 반드시 몸으로써 그 뒤로 한다. 이 때문에 성인은 위에 처하여도 백성들이 무겁게 여기지 않고 앞에 처하여도 백성들이 해롭게 여기지 않는다. 이 때문에 천하가 즐거이 추대하고 싫어하지 않는다. 그가 다투지 않으므로 천하의 누구도 그와 더불어 다툴 수가 없다.

여기서도 물의 덕성을 본받아 성인은 호칭으로써 스스로를 가장 낮추고 몸은 남의 뒤를 따른다고 하였다. 이와 같이 성인은 위에 있어도 백성들이 무겁게 여기지 않는 존재로서 천하가 즐거이 추대하게 된다. 즐거이 추대한다는 말의 뜻은 결국 인위적인 존경의 강요는 불필요한 것이라는 말이다. 이러한 관점은 천지만물을 창조한 여호와 신을 경외하라는 구약성서의 이야기나 예를 강조하는 유가사상과 비교된다. 강제하지 않고도 즐거이 추대하는 경지를 성인의 경지로 보았다. 성인의 존재는 있으나 없으나 같다는 것은 무의 상태인 공기와 같아 유의 상태인 존재와 다투지 않으므로 천하가 그와 더불어 다툴 수가 없다는 것이다.

한자풀이

[推(추)] 밀다, 추대하다
[厭(염)] 싫어하다
[爭(쟁)] 다투다

Review

옛적의 위정자가 아니라 현대 자본주의 사회에서 비유를 들어볼 때 빈민가나 사회 밑바닥에서 일하다가 크게 성공하는 경우를 볼 수 있는데 이는 낮은 곳에 잘 처함으로써 높은 곳에 오르게 된 경우라고 생각해 볼 수도 있다. 이렇게 자수성가하는 사람을 두고 비난하는 사람은 별로 없는 듯하다. 낮추었는데도 천하가 즐거이 추대한다는 것은 예를 들어 비교하면 바닥을 이루는 땅을 대기가 떠받들고 있는 지구의 형상에 비교해볼 수 있다.

第67章
하늘도 장차 사람을 구해주려고 하면 자애로써
호위해준다

> 天下皆謂我道大, 似不肖. 夫唯大, 故似不肖. 若肖, 久矣其
> 細也夫. 我有三寶, 持而保之. 一曰慈, 二曰儉, 三曰不敢爲天
> 下先. 慈故能勇, 儉故能廣, 不敢爲天下先, 故能成器長. 今舍
> 慈且勇, 舍儉且廣, 舍後且先, 死矣! 夫慈, 以戰則勝, 以守則
> 固. 天將救之, 以慈衛之.

제67장

　천하 사람들이 다 나의 도가 너무 커서 도를 닮지 않은 듯하다고
한다. 무릇 오직 크므로 고로 도 같지 않은 듯한 것이다. 만약 도와
닮았더라면 (그 위대함을 잃고) 그 자잘함이 오래되었을 것이다. 내
게 세 가지 보배가 있어 가지고서 보존한다. 하나는 자애이고, 둘째
는 검소함이고, 셋째는 천하에 앞서지 않는 것이다. 자애로우니 용감
할 수 있고 검약하니 널리 이를 수 있고 감히 천하의 우두머리가 되
지 않으니 큰 그릇을 이루어 오래간다. 이제 자애를 버리고 다만 용
기를 내거나 검약을 버리고 다만 널리 구하거나 뒤에 서기를 버리고

다만 앞에 나서면 죽는 것이다! 무릇 자애란 그로써 싸우면 이기고 그로써 지키면 굳세다. 하늘도 장차 사람을 구해주려고 하면 자애로써 그를 호위한다.

해제

여기서는 자신을 성인으로 자처하여 자기의 도가 위대함을 말하였다. 맨 첫 장에서 도를 말로 형용할 수 없다고 한 것처럼 자기의 도가 너무 커서 말로 표현할 수 없으므로 구체적으로 느낄 수 있는 도 같지가 않은 위대한 도라는 것이다. 그 도를 지키는 자신의 세 가지 보배는 자애와 검소와 겸손이라 하였다. 남에게 베푸는 자애로써 싸우는 것이 이기는 길이고 하늘도 자애로써 사람을 구해준다고 보았으니 이 말은 하늘에 자아를 부여하고 그에 대한 신앙심을 나타낸 듯하다. 여기서의 하늘은 자연의 도로 해석할 수 있는데 자연의 도 자체에 善(선) 의지가 있는 것으로 본 셈이다.

한자풀이

[似(사)] 같다, 비슷하다

[肖(초)] 닮다

[慈(자)] 사랑, 어머니, 자비

[儉(검)] 검소하다

[勇(용)] 날래다, 용감하다

[廣(광)] 넓다

[舍(사)] 버리다

[衛(위)] 호위하다

늘 있는 도는 말로 표현해낼 수 없다. 큰 네모는 귀퉁이가 없다는 말에서 알 수 있듯이 추상적으로나 구상적으로 노자의 도는 몹시 큰 도라고 말할 수 있다. 그것은 도 같음을 알아볼 수 없게 파격적으로 큰 것이다. 그 큼은 마치 무한한 우주속에 자기 혼자만 있고 나머지는 모두 자기를 중심으로 움직이고 있다고 생각함과 같을 수 있을 것이다. 노자가 지키는 보배는 자애와 검소함과 겸손함이다. 이것은 인간이 물질에게 베풀어야 할 덕목이자 신이 인간에게 베풀어주었으면 할 덕목이기도 하다. 물질적 풍요에 익숙한 현대사회의 인간이지만 풍요 속의 빈곤을 늘 염려해야 한다. 재산 탕진으로 실의에 빠져 사망한 연예인 이야기는 검소의식의 결여가 낳은 결과라고 할 수 있다. 하늘이 자애로써 호위해준다는 말은 자연물에서도 동물이 새끼를 보호하고 식물도 잎이 꽃을 보호하고 큰 잎이 여린 새 잎을 보호하는 것에 비교해 볼 수 있다.

第68章

적을 잘 이기는 자는 대적하지 않고 사람을 잘 쓰는 자는 그의 아래가 된다

善爲士者不武, 善戰者不怒, 善勝敵者不與, 善用人者爲之下. 是謂不爭之德, 是謂用人之力, 是謂配天之極.

제68장

병사 노릇을 잘하는 자는 날램을 쓰지 않고, 전투를 잘하는 자는 성내지 않고, 적을 잘 이기는 자는 대적하지 않고, 사람을 잘 쓰는 자는 그의 아래가 된다. 이것을 다투지 않는 덕이라 하고 사람을 쓰는 힘이라 하고 하늘과 짝하는 궁극적인 도라 한다.

해제

앞 장에서와 같이 다투지 않는 덕을 칭송하였다. 날랜 병사가 아니어야 좋은 병사라는 말이나 성내지 않는 자가 전투를 잘하는 자라는 말 등은 역시 노자의 병법서적 특징을 보여준다. 결국 노자의 병법론은 무위자연의 태도로 마음을 청정하게 비우고 소박하게 삶으로써 행복에 다다를 수 있음을 가르쳐주는 마음 다스리는 법인 셈이다.

이 다투지 않는 덕이 곧 하늘과 짝하는 최상의 도라고 보았다.

[士(사)] 병사, 군인

[武(무)] 날래다

[戰(전)] 싸우다

[怒(노)] 노하다

[敵(적)] 적

[與(여)] 더불다, 베풀다, 참여하다, 간섭하다

[配(배)] 짝, 걸맞다

Review

　싸우지 않고 승리하는 법을 말하고 있어 간디의 무저항주의와 비슷하다. 남이 싸움을 걸어와도 그것을 자기 마음상태의 반영으로 보고 화를 내지 않으면 이기는 것이다. 그러나 주관성, 객관성과 오욕칠정을 간직한 마음상태로는 그것이 쉽지 않다. 남이 싸움을 걸어오는데 화내지 않으면 상식적으로 인간이 아닌 것이다. 한자의 '다툴 경(競)'자는 '강경하게 말하는 것'이라는 뜻이 있는데 우선 말부터 다투지 않는 것이 싸우지 않는 길이다. 노자는 다투지 않는 덕으로써 사람을 이긴다고 하였는데 이는 결국 내재된 인간성(자기 자신)을 극복함으로써 하늘과 짝하는 도인 것이다.

第69章

없는 팔뚝을 걷어붙이고 없는 무기를 잡음으로써
적을 대적한다

> 用兵有言, 吾不敢爲主而爲客, 不敢進寸而退尺. 是謂行無行, 攘無臂, 執無兵, 扔無敵. 禍莫大於輕敵, 輕敵幾喪吾寶. 故抗兵相加, 哀者勝矣.

제69장

용병술에 이런 말이 있다. "나는 감히 주인 노릇하지 않고 (차라리) 객이 되겠고 감히 한 치 전진하지 않고 (차라리) 한 자 후퇴하겠다." 이것을 행진하지 않음을 행진한다 하고, 없는 팔뚝을 걷어붙인다 하고, 없는 무기를 잡는다 하고, 없는 적에게 나아간다 한다. 화는 적을 가벼이 여기는 것보다 큰 것이 없고 적을 가벼이 여기는 것은 내 보배를 잃어버리는 것에 가깝다. 그러므로 힘을 겨루어 싸울 때 애통해하는 편이 이긴다.

해제

병법서의 용병술을 들어 전진하지 않고 후퇴하는 방법을 말하였는데 『손자병법』에 싸우지 않고 이기는 것이 최상의 전투라고 한 것과 통한다. 행진하지 않음을 행진하는 것, 무기 아닌 무기를 잡는 것, 이것은 모두 결국 한 치도 나서지 않는 것이다. 그러나 전투를 전혀 하지 않는다는 의미가 아니고 오히려 적극적인 투쟁을 강조하고 있다. 싸우지 않는다는 의미가 아니기 때문에 적을 가벼이 여기는 것보다 큰 화가 없다고 보았다. 그런데 힘을 다하여 싸울 때 애통해하는 편이 이긴다고 말한 것은 최선을 다하고 진 경우도 이기는 것으로 본 듯하다. 이 말은 '애통한 자는 복이 있나니 저희가 위로를 받을 것임이라'라고 한 예수의 산상설교와 비교해볼 수 있다.

한자풀이

[寸(촌)] 마디, 치(길이의 단위), An inch
[尺(척)] 자 척, 길이의 단위, 한 치의 열 배, 30.3cm
[抗(대)] 대항하다
[哀(애)] 슬프다

Review

앞 장에서 대적하지 않고 승리하는 법을 말하였는데 여기서는 그렇다고 하여 전혀 무방비상태가 아님을 강조하였다. 앞 장은 수비의 자세를 말한 것이고 이 장은 공격하지 않음으로써 공격하는 자세를 말한 것으로 보면 되겠다. 없는 팔뚝을 걷어붙인다, 없는 무기를 잡는다는 말은 다 여성적 느낌을 준다. 대개 남자들이 자리에 앉을 때 팔을 뻗어 여자의 등 뒤로 걸쳐놓기를 좋아하는데 여자가 사람을 앞

에 놓고 옆의 빈 자리에 팔을 뻗어 그와 같은 포즈를 취하면 대담하
다는 인상을 받게 된다. 노자는 이런 드러나는 모습보다 소극적이고
안으로 감춘 전투태세를 취한다. 극도로 감추어 전투가 아닌 것처럼
보이는 전투를 말하고 있는 셈이다. 전투를 완전히 부정한 것은 아
닌 것이 화는 적을 가벼이 여기는 것보다 큰 것이 없다는 말에서 알
수 있다. 극도로 감추어져 전투가 아닌 것처럼 보이는 전투를 말하
고 있는 셈이다. 이것은 세상에서 승리하는 것이 종국에는 마음의
평화를 얻은 사람이라고 볼 수 있듯이 겉으로 어떻든지 속으로 마음
의 평화를 얻어 잘 먹고 잘 자면 인생의 승리자인 것이다. 마지막
구절은 '哀者必勝'이라는 사자성어로도 잘 알려진 말로 인생에 있
어 남보다 더 슬퍼할 것이 있는 사람은 그만큼 사력을 다해 싸우므
로 자연 이기게 된다는 말로 생각해 볼 수 있다.

성인은 세속의 베옷을 입고 속으로만 옥을 품는다

> 吾言甚易知, 甚易行. 天下莫能知, 莫能行. 言有宗, 事有君.
> 夫唯無知, 是以不我知. 知我者希, 則我者貴. 是以聖人被褐
> 懷玉.

제70장

나의 말은 아주 알기 쉽고 아주 행하기 쉽지만 천하에서는 아무도 알아주지 못하고 아무도 능히 행하지 못한다. 말에는 (도라는) 종지가 있고 일에는 (도의 체라는) 군주가 있다. 다만 무지하기 때문에 나를 모르는 것이다. 나를 아는 자가 드물고 나를 본받는 자는 귀하다. 이 때문에 성인은 (세속의) 베옷을 입고 (속으로만) 옥을 품는 것이다.

해제

여기서는 자기의 도가 아주 명백한 대도이지만 천하에서 알아주지 못함을 탄식하였다. 사람들이 무지하여 모르기 때문에 자신을 알아주는 자 드물다고 한탄하였다. 그래서 성인은 세속에서 허름한 옷을 입고 속으로 옥을 품고 사는 것이라 하였다.

한자풀이

[宗(종)] 마루, 으뜸, 조상

[則(칙)] 본받다

[被(피)] 입다

[褐(갈)] 갈색, 굵은 베, 베옷, 천한 사람

[懷(회)] 품다

Review

이 장에서는 노자 스스로의 도가 이치와 사리가 명백한 것임을 천명하였다. 그러나 노자의 도를 알아주고 본받는 자가 드물음을 탄식하였다. 이는 결국 세속에서 아웃사이더적 존재임을 말한 것이다. 그러므로 세속에서는 베옷을 입고 속으로만 귀한 옥을 품고 산다 하였다. 그러나 나이가 들면 학력이 다 소용없고 재산도 소용없어진다는 말이 있듯이 젊었을 때 잘 나가던 사람도 늙으면 결국은 아웃사이더가 되는 셈이다. 그런 관점에서 볼 때 총체적인 인생살이에서 누구나 스스로를 아웃사이더로 생각하는 때가 있게 마련이다. 그런 생각이 들 때 노자의 이 말을 떠올리며 자기가 지키는 도에 가치를 두고 만족하며 살아야 되지 않을까? 또한 나이를 막론하고 자기가 귀히 여기는 도를 잘 지킨다면 부처님의 사리와 같이 귀한 옥을 품고 사는 셈이 된다.

第71章
아는 것이 부족한 것임을 모르는 것은 병이다

知不知上, 不知知病. 聖人不病, 以其病病. 夫唯病病, 是以不病.

제71장

알지 못하는 것을 아는 것을 으뜸이라 하고 아는 것이 부족한 것임을 모르는 것은 병이다. 성인은 병을 앓지 않으니 병을 병으로 알기 때문이다. 오직 병을 병으로 알아야만 병을 앓지 않게 된다.

해제

사람으로서 헤아리기 어려운 일에 대해 구체적인 윤곽을 잡고 파악해낸다면 이는 잘 아는 것이다. 그러나 자기가 알고 있는 것이 그대로 따르기에 부족한 것임을 모른다면 병이라고 할 수 있다. 인간은 자기 이성과 감정에 제한되어 하늘의 도를 모르는 수가 있다. 무릇 사적인 몸을 가지고 있으므로 '팔이 안으로 굽는다'는 말과 같이 사적이고 이기적인 행동을 하게 된다. 노자는 순환하는 자연의 도를 강조하는데 거기에는 변화의 도를 체득하는 시간적 경험이 수반되어야 한다. 자라면서 변화의 도를 체득한 성인은 일을 그 변화의 원리 속에서 파악하고 병을 병으로 알아 병을 앓지 않게 된다는 말이다.

한자풀이

[病(병)] 병(명사), 병을 앓다(동사의 명사적 용법)

Review

노자는 자기의 도를 펴는 맥락에서 세상에 살면서 자기가 아는 것이 부족한 것임을 모른다면 병이라고 하였다. 주관을 가지고 사는 사람들은 모두 제각각 자기의 도가 옳다고 믿고 주장하며 살게 마련이다. 노자의 사상은 이름에 '늙을 老'자가 들어 있듯이 인생을 웬만큼 살고서 흥망성쇠의 시간을 겪어본 사람들이 진리를 터득할 수 있는 내용으로 구성되어 있다. 물론 그 진리도 불가의 이른바 '나고 죽는 것을 모르는 인간'으로서는 죽어보지 않은 이상 노자의 자연의 도가 종국에는 어떤 것인지 명백히 안다고 말하기 어렵다. 그러나 노자는 자연의 '순환의 도'를 명백히 천명하고 있고 많은 사람들이 '생로병사'의 순환을 믿고 죽으면 흙으로 돌아간다고 믿기도 한다. 다른 생각을 가진 사람은 천국에 간다거나 극락세계에 간다거나 신선계에 간다거나 각각 다르게 생각할 수 있다. 이런 다른 생각, 종교를 가지고 살면서 자기의 생각이 잘못된 곳이 있음을 인정하지 않으면 병을 병인 줄 모른다고 보아야 할 것이다. 같은 관점에서 노자와 다른 도를 가진 사람은 노자 스스로가 자기의 병을 병인 줄 모르고 있다고 생각할 수도 있다. 어느 쪽이든 노자의 이 말을 되새겨 자기가 아는 것이 부족한 것일 수 있음을 늘 깨닫고 있어야 할 것이다.

몸이나 마음에 병이 없는 사람이 드문데 여기에서 성인은 병을 앓지 않는다고 한 것은 불교에서 일반대중을 두고 설할 때 '몸에 병이 없기를 바라지 말라'고 하며 병이 있으므로 하여 겸손해지고 조심하게 된다는 관점과 다른 각도의 관점이다. 한편 장자가 '聖人無夢(성인은 잠잘 때 꿈을 꾸지 않는다)'이라고 한 말과도 비교해 볼 수 있다.

第72章

성인은 스스로를 알고 사랑하되 스스로를 드러내고 귀히 여기지 않는다

民不畏威, 則大威至. 無狎其所居, 無厭其所生. 夫唯不厭, 是以不厭. 是以聖人自知不自見, 自愛不自貴. 故去彼取此.

제72장

백성들이 위엄을 두려워하지 않으면 큰 폭동의 위세가 이르게 된다. 그들의 (청정한) 삶을 친압하지 말고 그들의 (겸허한) 생활을 압박하지 말라. 오직 압박하지 않으므로 이 때문에 싫어하지 않는다. 이 때문에 성인은 스스로를 알되 스스로 드러내지 않고 스스로를 사랑하되 스스로 귀히 여기지 않으니 그러므로 저것(自見, 自貴; 스스로를 드러내거나 귀히 여기는 것)을 버리고 이것(自知, 自愛; 스스로를 알고 스스로를 사랑하는 것)을 취한다.

해제

이 장에서부터는 구체적으로 위정자의 태도에 대해 말하였다. 백성들을 다스림에 있어 자연스러움에 맡기고 친압하거나 압박하지 말아야 싫어하지 않게 된다고 하였다. 백성이 위엄을 두려워하지 않으면 큰 폭동의 위세가 이른다는 말은 자연의 도에 강한 힘이 있음을 강조한 것이다. 이것은 한편 민본사상으로 본다면 백성 스스로의 태도가 위엄을 두려워하지 않으면 큰 위엄, 예를 들면 하늘의 벌 같은 폭동을 불러온다는 말로 해석될 수도 있다. 따라서 자연의 도에 따라 다스려야 한다는 말은 완전히 내버려둔다는 뜻이 아니고 자연의 다스림을 인간을 사랑하는 하느님의 사랑과 같은 개념으로 본 것이다. 그러나 자연의 도를 따르는 성인은 이른바 '스스로 존재하는 자'와 같아서 스스로를 드러내거나 귀히 여기지 않고 스스로를 알고 스스로를 사랑한다.

한자풀이

[畏(외)] 두려워하다

[威(위)] 위엄

[狎(압)] 익숙하다, 업신여기다, 친압하다(버릇없이 너무 지나치게 친하다)

[厭(염/엽)] 싫어하다, 누르다, 가위눌리다

Review

위정자가 백성들의 삶을 압박할 때 백성들이 죽음을 두려워하지 않고 폭동을 일으키게 된다. 세계 곳곳에서 일어나는 민주화 유혈사태를 보면 그 현상을 알 수 있다. 노자의 '무의 투쟁'이라는 관점에서 볼 때 무혈사태 역시 전쟁 현상으로 주목할 수 있다. 옛 시대와 달라진 현대사회의 모든 현상은 '무의 투쟁'을 거쳐 모습이 바뀐 것이라 할 수 있다. 이 장은 위정자와 백성간의 이야기를 하고 있지만 사회 전반에 걸쳐 보이지 않는 종교적 문제까지도 '투쟁'을 거쳐 변화하는 것이다. 노자는 종교의 신앙대상일 수 있는 성인은 스스로를 드러내거나 귀히 여기지 않아야 한다고 본 것이다. '무의 투쟁'과 관련하여 결혼 시장 문제를 보면, 현재의 결혼 시장이 속설상 ABCD의 이론으로 돌아가고 있다고 하는데 학력이 A인 남성은 B인 여성과 B인 남성은 C인 여성과 C인 남성은 D인 여성과 혼인이 맺어져 결과적으로 A인 여성과 D인 남성은 결혼이 어렵다고 한다. 오늘날 고학력 여성이 많아지는 추세에서 여성들이 결혼을 못하거나 기피하거나하여 출산율이 저하되고 있는데 이 세상이 '유'의 연속적 역사로 이어지려면 사회구조가 바뀌어 출산율이 높아지게 되어야 한다. 아니면 이 상태가 가속화되어 '무'의 역사로 흘러가게 될지 알 수 없는 일이다. 이 문제 역시 노자의 '자연의 도'에 맡기는 게 가장 현명하지 않을까? 성인은 스스로를 알고 스스로를 사랑한다는 말도 되새겨 보아야 한다. 소크라테스의 '너 자신을 알라'는 말처럼 자기를 알기가 어렵고 남을 사랑하려는 마음을 되돌려 자기를 사랑하기가 쉽지 않다.

감행함에 용기가 있으면 죽게 되고 감행하지 않음에 용기가 있으면 살게 된다

勇於敢則殺, 勇於不敢則活. 此兩者, 或利或害, 天之所惡, 孰知其故? 是以聖人猶難之. 天之道, 不爭而善勝, 不言而善應, 不召而自來, 繟然而善謀. 天網恢恢, 疏而不失.

제73장

감행함에 용기가 있으면 죽게 되고 감행하지 않음에 용기가 있으면 살게 된다. 이 두 가지는 하나는 이롭고 하나는 해로운데 하늘이 싫어하는 바(감행함에 용기 있는 것)를 누가 그 까닭을 알겠는가? 이 때문에 성인도 이를(하늘을 아는 것) 어렵게 여긴다. 하늘의 도는 다투지 않고도 잘 이기고, 말하지 않아도 잘 응답하며, 부르지 않아도 절로 오고, 너그러우면서도 잘 꾀한다. 하늘의 그물은 넓고 넓어 엉성하지만 놓치는 것이 없다.

해제

노자의 소극적 사상을 개진한 말이다. 감행함에 용기가 없어야 살 수 있는데 어떤 것이 인간이 감행하면 하늘이 싫어하는 것인지는 하늘만 아는 것으로 이 하늘을 아는 것은 성인도 어려워하는 일이다. 노자는 무위자연의 하늘의 도가 절로 인간사를 교묘하면서도 너그럽게 해결해준다고 보았는데 궁극적으로는 그러한 도를 믿고 따라야 한다고 본 셈이다.

한자풀이

[召(소)] 부르다
[繟(천)] 띠, 늘어지다, 너그럽다, 넉넉하다
[網(망)] 그물
[恢(회)] 넓다, 광대하다, 크다, 갖추어지다, 원래대로 돌아가다
[疏(소)] 성기다, 엉성하다

Review

하늘이 싫어하는 바는 성인도 알기 어렵다는 말은 예를 들면 기독교에서 여호와 신이 아담과 이브에게 선악과를 따 먹지 말라고 했는데 '그것이 가리키는 것이 무엇인지 확실하게 아는 사람이 있을까'와 같은 뜻으로 생각해 볼 수 있다. 어쨌든 감행함에 용기가 있으면 죽게 된다고 본 것은 과단성 있는 적극적 행위보다 부드럽고 유약함을 강조한 것이라고 보아야 겠다. 하늘의 도는 말하지 않아도 잘 응답하고 부르지 않아도 절로 온다는 생각은 입으로 기도문을 외우지 않아도 응답이 있다는 말과 같다. 그렇다고 성심이 없는데 응답이 온다는 뜻이 아니라 말로 표현하지 않아도 마음이 절실하면 응답이

있다는 의미에서이다. 마음이 순일하여 하늘과 통하면 입으로 부르지 않아도 절로 오게 됨은 텔리파시 현상과도 비교해 볼 수 있다. 하늘의 그물은 넓디넓으면서 엉성한 듯하지만 놓치는 것이 없다고 한 것은 노자의 도가 아주 커서 알 수 없을 듯하지만 그 도가 사리에 맞게 행해짐을 말한 것이다. 이처럼 하늘의 도가 다스린다고 본 것은 결국 유가의 '順天者興 逆天者亡(하늘을 따르는 자는 흥하고 하늘을 거스르는 자는 망한다)'과도 통하는 사상이다.

숙련된 목수를 대신하여 나무를 깎는 자는 그 손을 다치기가 쉽다

民不畏死, 奈何以死懼之? 若使民常畏死, 而爲奇者, 吾得執而殺之, 孰敢? 常有司殺者殺. 夫代司殺者殺, 是謂代大匠斲. 夫代大匠斲者, 希有不傷其手矣.

제74장

백성들이 죽음을 두려워하지 않는다면 어찌 죽음으로써 그들을 두려워하게 하겠는가? 만약 백성들이 늘 죽음을 두려워하는데 괴이한 짓을 하는 자가 있어 내가 그를 잡아 죽인다면 누가 감히 그렇게 하겠는가? (천지간에는) 항상 죽음을 집행하는 자가 있어 죽인다. 무릇 죽음을 집행하는 자를 대신하여 죽여야 한다면 이것은 바로 숙련된 목수를 대신하여 나무를 깎는 것과 같다. 숙련된 목수를 대신하여 나무를 깎는 자는 그 손을 다치지 않는 자가 드물다.

해제

백성들이 죽음을 두려워하지 않는 경우는 위정자의 실정이 지나쳐서 그렇게 만든 것이다. 보통 사람은 죽음을 두려워하고 천지간에는 죽음을 집행하는 자가 있어 죽인다고 하였다. 그것은 자연의 도가 사형집행을 함을 말한 듯하다. 인위적으로 사형을 집행하는 것은 숙련된 목수를 대신하여 나무를 깎는 것과 같아 손을 다치기가 십상이라고 하였다.

한자풀이

[奈何(내하)] 어떻게, 어찌함

[懼(구)] 두려워하다

[司(사)] 맡다, 맡아보다

[匠(장)] 장인, 바치(물건을 만드는 것을 업으로 삼는 사람), 기술자, 우두머리

[斲(착)] 깎다

Review

제72장에서 백성들이 죽음을 두려워하지 않으면 폭동의 위세가 있을 수 있으므로 백성들을 압박하지 말아야 한다는 말을 하였는데 여기에서는 백성들이 죽음을 두려워할 경우 그중 괴이한 짓을 하는 자가 있다면 천지간에 그를 죽이는 자가 있어 사형을 집행한다고 보았다. 그를 대신하여 사형을 집행하려 드는 것은 숙련된 목수를 대신하여 나무를 깎는 것과 같아 손을 다치기 십상이라고 하였는데 이는 사회 속에서 어떤 사람이 괴이한 행동을 할 때 그것을 정죄하려고 들지 말라는 뜻으로 해석될 수 있다. 기독교에서 그 사람의 죄를 미

위하되 그 사람을 미워하지 말라고 말하는 것과도 같은 맥락으로 어떤 사람을 향해 나서서 인위적인 위해를 가하지 말라는 뜻으로 볼 수 있다. 죄와 벌을 천지의 자연스런 운행에 맡기는 사상이라고 하겠다.

第75章
삶에서 인위적으로 풍족함을 구하려고 하지 않는 것이 현명하다

> 民之饑, 以其上食稅之多, 是以饑. 民之難治, 以其上之有爲, 是以難治. 民之輕死, 以其上求生之厚, 是以輕死. 夫唯無以生爲者, 是賢於貴生.

제75장

백성들이 굶주리는 것은 그 위에서 세곡을 많이 거두기 때문이다. 이 때문에 굶주린다. 백성들을 다스리기 어려운 것은 그 위에서 인위적인 일을 조작하기 때문이다. 이 때문에 다스리기 어렵다. 백성들이 죽음을 가볍게 여기는 것은 그 위정자가 삶의 풍족함을 구하기 때문이다. 이 때문에 죽음을 가벼이 여기는 것이다. 무릇 오직 삶으로써 인위적으로 무엇을 하려고 하지 않는 자만이 삶을 귀히 여기는 자보다 현명하다.

해제

위정자가 세금을 많이 거두고 인위적으로 일을 조작할수록 백성들이 굶주리게 된다고 보았다. 위정자가 풍족한 삶을 구하여 인위적으로 일을 벌일수록 백성들은 힘들어지니 위정자는 소박한 자연의 도에 따라야 백성들이 죽음을 가벼이 여기지 않게 되고 그렇게 살게 하는 위정자가 현명하다는 것이다. 결론적으로는 삶에 집착을 갖고 인위적 계획을 세우지 않는 것이 생을 귀히 여기는 것보다 현명하다고 보았으니 노자는 현실세계의 삶에 대해 일관된 소극적 태도를 견지하는 것이다.

한자풀이

[饑(기)] 주리다
[食(식)] 먹다
[稅(세)] 세금
[賢(현)] 어질다, 현명하다

Review

백성들을 다스리기가 어렵고 나아가 백성들이 죽음을 가볍게 여기기에 이르는 것은 위정자가 인위적으로 백성을 압박해서이다. 위정자가 백성에게서 많이 착취할수록 백성들이 굶주림을 견디다 못해 폭동이 생기고 죽음을 가벼이 여기게 된다. 백성들이 죽어버리면 위정자는 정치를 펼 곳이 없다. 따라서 위정자는 지나치게 의욕적으로 살려고 들지 않는 것이 현명하다. 이것은 백성과 위정자 간의 조화를 강조한 말로 노자의 기본사상인 '無爲而治' 사상의 재강조이다. 개인의 삶에 있어서도 자아를 가지고 인위적으로 무언가를 하려고 지나치게 집착할수록 근심걱정이 많아지고 삶이 힘들어진다.

딱딱하고 강한 것은 죽음의 무리이고 부드럽고 약한 것이 삶의 무리이다

人之生也柔弱, 其死也堅强. 萬物草木之生也柔脆, 其死也
枯槁. 故堅强者死之徒, 柔弱者生之徒. 是以兵强則不勝, 木
强則兵. 强大處下, 柔弱處上.

제76장

사람의 살아 있음은 부드럽고 약하고 그 죽음은 딱딱하고 강하다.
만물과 초목도 살아 있으면 부드럽고 취약하고 죽으면 뻣뻣하다. 그
러므로 딱딱하고 강한 것은 죽음의 무리이고 부드럽고 약한 것은 삶
의 무리이다. 이 때문에 군사력이 강하면 이기지 못하고 나무가 굳
세면 꺾이게 된다. 강하고 큰 것이 아래에 처하고 부드럽고 약한 것
이 위에 처한다.

해제

여기에서도 부드럽고 유약한 것의 우수함을 강조하였는데 부드럽
고 약한 것이 삶의 현상이고 굳세고 강한 것은 죽음이라고 보았다.

그러나 부드럽고 약한 물이 바다를 이루어 아래에 처하며 만물을 기른다는 개념과 달리 여기에서는 부드럽고 약한 것이 위에 처한다고 보았는데 물이라는 물질을 가리키는 것이 아니라 부드럽고 약한 상태로 생명력을 보존한 것이 위에 처한다는 의미로 보아야겠다.

한자풀이

[枯槁(고고)] 초목이 말라 물기가 없음

[徒(도)] 무리

[兵(병)] 병사, 군인, 재앙, 다치다, 상하다

Review

사람을 기타 생물체에 비교하여 살아 있는 것은 다 부드럽고 유약하며 딱딱하고 굳센 것은 죽음의 무리라고 보았다. 이것은 앞 장에서 지나치게 살려고 들지 말라는 말과도 상통한다. 노자사상에 기본적으로 보이는 유약한 성질의 강조이다. 강하고 큰 것이 아래에 처하고 부드럽고 약한 것이 위에 처한다고 한 것은 딱딱한 죽음의 무리가 부드러운 생명의 무리보다 하위라고 본 것이다. 생명체는 다 유약하게 싹 터 장성하여졌다가 시들어가는 게 상식이므로 유약한 것이 더 생명력이 넘치는 것이다. 한편 이것은 사물 대 인간, 인간 대 신의 관계에서도 재고찰해 볼 필요가 있다. 사물은 대부분 딱딱하거나 굳센 물체가 많은데 이것은 부드럽고 유약한 인간, 동물, 식물에 비할 때 죽음의 무리에 속하게 되는 셈이다.

第77章
하늘의 도는 넘치는 것을 덜고 부족한 것을 보충해 주나 사람의 도는 그와 반대된다

天之道, 其猶張弓與! 高者抑之, 下者擧之. 有餘者損之, 不足者補之. 天之道, 損有餘而補不足, 人之道, 則不然, 損不足以奉有餘. 孰能有餘以奉天下? 唯有道者. 是以聖人爲而不恃, 功成而不處, 其不欲見賢.

제77장

하늘의 도는 마치 활을 당겨 펴는 것과 같다! 높은 것은 누르고 낮은 것은 들어 올린다. 넘치는 것은 덜어내고 부족한 것은 채워준다. 하늘의 도는 넘치는 것을 덜고 부족한 것을 보충해주나 사람의 도는 그렇지 않아서 부족한 것에서 덜어 넘치는 것에 보탠다. 누가 능히 넘치는 것으로써 천하에 봉사할 수 있겠는가? 오직 도가 있는 자뿐이다. 이 때문에 성인은 하고도 자랑하지 않고 공이 이루어져도 머물지 않으니 그는 현명함을 드러내고자 하지 않는다.

여기서는 자연의 도라는 말을 쓰지 않고 하늘의 도라는 말을 썼는데 자연의 도라는 말보다 더 자아가 강한 느낌을 준다. 마치 의지가 있는 듯이 하늘의 도는 활을 당겨 펴듯하고 누르고 들어 올리고 덜어내고 채워준다. 그것을 공평하게 자연스럽게 한다. 사람이 인위적으로 다스리는 것은 그렇지 못하여 오히려 부족한 것을 덜어 넘치는 것에 보탠다는 것이다. 넘치는 것을 천하에 흩뿌릴 수 있는 자는 도가 있는 자라고 보았다. 성인은 자아가 없이 자연스럽게 도를 행하고 공을 자처하지 않는다.

한자풀이

[猶(유)] 오히려, 같다

[張(장)] 펴다

[弓(궁)] 활

[抑(억)] 누르다

[擧(거)] 들다

[餘(여)] 남다

[損(손)] 덜다

[補(보)] 보충하다

[奉(봉)] 받들다

[恃(시)] 자랑하다

[見(현)] 나타내다, 보다

하늘의 도와 사람의 도가 반대된다는 이야기를 하였다. 하늘의 도가 높은 것은 누르고 낮은 것은 끌어 올리며 넘치는 것을 덜어내고 부족한 것을 채워준다고 한 것은 하늘의 도가 자연의 도로써 공평한 것임을 말한 것이다. 자신의 경우를 잘 살펴 보아 어떤 바램이 이루어지지 않거나 또는 생각보다 잘 된 경우 이와 같은 하늘의 도가 덜어내고 채워 주고 한 것이 아닌가 생각해 볼 수 있다. 중국의 전통 사상상 사람의 본성은 정적인 것이나 외물에 느껴 동적으로 변하며 이것이 본성의 욕망이라고 한다. 포유동물로서의 인간은 모두 동적이나 남자가 여자에 비해 더 동적이다. 그러나 현대사회에서 여자의 사회활동이 늘면서 동적인 움직임이 넘치게 되니 하늘의 도가 작용하여 컴퓨터 앞에 앉아 정적으로 일하게 만들었는지도 모른다.

第78章
나라의 더러움을 받아들일 수 있는 이가 사직의 주인이다

天下莫柔弱於水, 而攻堅强者莫之能勝. 以其無以易之. 弱之勝强, 柔之勝剛, 天下莫不知, 莫能行. 是以聖人云, 受國之垢, 是謂社稷主, 受國不祥, 是謂天下王. 正言若反.

제78장

천하에 물보다 유약한 것은 없으나 견강한 것들을 공격하는 것으로 그것을 능가할 수 있는 게 없다. 그것은 무엇도 그 (유약한) 특성을 바꿀 수 없기 때문이다. 약한 것이 강한 것을 이기고 부드러운 것이 굳센 것을 이김은 천하에 모르는 이가 없거늘 능히 행하는 자가 없다. 이 때문에 성인은 말하기를, "나라의 더러움을 받아들일 수 있음을, 이를 사직의 주인이라 하고 나라의 상서롭지 못함을 받아들일 수 있음을, 이를 천하의 왕이라 한다." 옳은 말은 반대되는 듯한 것이다.

여기서는 다시 물의 유약함이 천하에 이기지 못함이 없음을 강조하였고 그러함에도 사람들은 행할 줄을 몰라 강한 성질을 내세운다고 보았다. 따라서 노자는 극단적으로 나라의 더러움을 받아들이고 상서롭지 못함을 받아들이는 자가 천하의 왕이라고 보았다. 이런 말은 옳으면서 반대되는 듯이 보인다고 하였는데 옳은 말은 반대되는 듯하다는 말은 '지는 것이 이기는 것이다'와 같은 식으로 현실 속에서의 구체적이고 객관적인 성공을 인정하지 않는 현실을 초월한 인식론이다.

한자풀이

[受(수)] 받다

[垢(구)] 때

[社稷(사직)] 토지신과 곡식신이라는 뜻으로서 옛날에 임금이 국가의 무사안녕을 기원하기 위해 사직단(社稷壇)에서 토지의 신과 곡식의 신에게 제사를 지냈으므로 사직은 국가의 기반, 또는 국가라는 뜻으로 변했음

[祥(상)] 상서롭다

[反(반)] 돌이키다, 뒤집다, 어긋나다, 도리어

Review

물처럼 유약하고 부드러운 것이 가장 강한 것임을 다시금 천명하였다. 굳센 것은 꺾을 수 있지만 부드러운 것은 무엇으로도 그 특성

을 바꿀 수가 없다. 낮게 처하고 부드럽고 유약함을 강조하는 노자는 따라서 사직의 주인, 천하의 왕은 더러움과 상서롭지 못함을 받아들여야 한다고 보았다. 이것은 기독교에서 예수가 초라한 마구간에서 탄생한 것과 비교해볼 수 있다. 또는 하느님의 아들들이 사람의 딸들의 아름다움을 보고 짝을 지어 자식을 낳았다는 이야기에 비교해볼 수도 있다. 우리나라의 단군신화도 이에 더불어 생각해 볼 수 있다. 이것은 물의 유약한 성질과는 다른 비유이지만 유보다 부드럽고 자유로운 무의 성질을 하늘에 비교해볼 때 이해할 수 있다.

第79章
성인은 채권자의 입장에서도 남에게 요구하지 않는다

和大怨, 必有餘怨, 安可以爲善? 是以聖人執左契, 而不責
於人. 有德司契, 無德司徹. 天道無親, 常與善人.

제79장

큰 원한을 풀어도 반드시 남는 원망이 있으니 어찌 선을 행한다고
할 수 있을까? 이 때문에 성인은 왼쪽 부신(좌계: 채권자의 의미)을
쥐고서도 남에게 요구하지 않는다. 덕 있는 자는 계(契)를 맡고 덕
없는 자는 부세 걷는 것을 맡는다. 하늘의 도는 친한 게 없으나 항
상 착한 사람과 함께한다.

해제

큰 원한을 풀어도 남는 원망이 있다면 이는 선함을 행한 것이 아
니다. 이 때문에 성인은 채권자처럼 좌계를 들고서도 남에게 내놓으
라고 질책하지 않는다는 것이다. 이 부분을 樓宇烈의 왕필의 ≪老
子注校釋(노자주교석)≫에서는 "남이 자기에게 와서 요구하기를 기

266 성인의 필수 지침서 노자

다린다. 우계를 가진 자가 와서 맞추면 곧 내주고 그 사람의 선악 여부를 따지지 않는다"라고 주석을 달았다. 덕 있는 자는 이렇게 좌계를 들고도 베풀고 하늘의 도도 이와 같아 항상 착한 사람에게 베푼다는 것이다. 항상 착한 사람에게 베푼다는 것은 착한 사람에게 남는 원망이 없게 한다는 의미일 것이다.

한자풀이

[怨(원)] 원수, 원망

[安(안)] 어찌

[左契(좌계)] 둘로 나눈 부신(符信)의 왼쪽 것 하나를 자기 손에 두어 좌계로 하고 다른 것을 상대방에게 주어 우계로 함. 오른쪽 것이 존귀함

[責(책)] 꾸짖다, 헐뜯다, 요구하다

[契(계)] 맺다, 새기다, 계약, 계약서, 좌우로 나누어 대질함

[徹(철)] 뚫다, 거두다, 온갖 구실(세납)

Review

성인은 항상 착한 사람 편인 하늘의 도에 따라 끝없이 선행을 베푼다는 뜻이다. 채권자의 입장에서도 남이 와서 요구하기를 기다려 선악 여부를 따지지 않고 내준다고 하였다. 이는 부모의 자식에 대한 끝없는 사랑에 비교해볼 수도 있겠다. 부모와 자식의 관계는 기독교에서 여호와 신과 아담과의 관계처럼 관계상 명백하지만 한편 '신이 흙으로 빚은 사람-아담'과 '사람이 낳은 사람-자식'은 또 다를

것이다. 사람을 낳아보지 않은 사람은 부모가 자식에게 얼마나 베풀고 있는지 모를지도 모르지만 신과 인간의 관계를 빌어 추론해 볼수는 있다. 많은 사람들이 성인이 되면 부모 곁을 떠나 가정을 따로세우는 것이라고 믿고 있고 그 시한부적 믿음 속에서 부모와의 갈등을 이기지 못하고 뛰쳐나가는 마음이 싹터 결혼을 결심한다. 부모역시 자식에 대한 자신의 사랑을 절대적인 것으로 자부하고 자기들이 좋으면 부모가 말려도 도망가서라도 산다는 마음으로 자식에 대해 무한히 베풀기만 하고 있다고 믿는다. 이 관계는 그 이해관계를공정히 판단하기가 어렵다. 만일 완벽한 사랑을 베푸는 부모라면 왜자식이 부모 슬하를 떠나 결혼하겠는가? 또는 왜 부모는 완벽하게자식을 놓아두지 못하는가? 불가에서처럼 '출가외인'의 관념과 같이부모라는 양성적 존재, 부모자식이라는 선후관계가 있다는 관념의고리를 끊어버리지 않는 한, 즉 세상에 나 혼자만 있다는 생각을 하지 않는 한 언제나 남는 원망이 있을 수 있다. 현실세계는 환상으로,극적인 것으로 생각될 때도 있지만 지속적인 현실이 유지되므로 이같은 현실세계 속에서는 다툼이 끝이 없고 따라서 큰 원한을 풀어도남는 원망이 있을 수가 있다. 이런 기제를 안다면 노자가 말하는 '小慾之足'이나 이 장에서의 권고처럼 끝없이 내어주는 자세를 취하라는 말에 귀를 기울여 심리적 균형을 잡도록 노력해야 할 것이다.

第80章
나라를 작게 백성을 적게 하고 원시적인 삶에 안주하며 서로 왕래하지 않는다

> 小國寡民, 使有什伯之器而不用, 使民重死而不遠徙. 雖有舟輿, 無所乘之, 雖有甲兵, 無所陳之. 使民復結繩而用之, 甘其食, 美其服, 安其居, 樂其俗. 隣國相望, 鷄犬之聲相聞, 民至老死不相往來.

제80장

나라는 작고 백성은 적어서 설사 수십 수백 개 병기가 있어도 쓰지 않고 백성들로 하여금 죽음을 중히 여기고 멀리 이사 가지 않도록 한다. 비록 배와 수레가 있어도 그것을 탈 일이 없고 비록 갑옷과 무기가 있어도 그것을 펼칠 데가 없다. 백성들로 하여금 다시 끈을 맺어 일을 기록하게 하고 먹는 것을 달게 먹고 옷을 곱게 하고 거처를 편안히 하고 풍속을 즐겁게 한다. 이웃 나라가 바라다 보이고 닭 울음소리와 개 짖는 소리가 들려도 백성들은 늙어 죽을 때까지 서로 왕래하지 않는다.

이 장은 노자의 사상을 본격적으로 이상향 건설에 적용시켜 말하
였다. 나라의 규모가 작고 백성이 드물고 병기가 있어도 사용하지
않고 백성들이 생명을 귀히 여기고 멀리 이사 나가지 않게 한다. 그
러나 한곳에 살더라도 서로 왕래하지 않으므로 배와 수레가 있어도
쓸 필요가 없고 갑옷과 무기도 쓸 곳이 없다. 백성들을 원시사회로
되돌려 결승문자를 써서 의사소통하게 하고 의식주를 알맞게 하며
즐거운 풍속을 형성하게 한다. 이웃나라가 바로 곁에 있어도 거기에
서 들리는 닭 울음소리, 개 짖는 소리를 듣기만 할 뿐 죽을 때까지
서로 왕래할 필요가 없다고 보았다. 인의예지가 생겨나기 이전의 자
연의 도를 주장한 노자는 이렇게 당시 사회를 통해 자기의 이상국가
건설의 소견을 피력했다.

한자풀이

[寡(과)] 적다

[使(사)] 설사, 가령

[什伯(십백)] 열 십과 일백 백의 뜻, 여기서는 수십 수백의 의미

[徙(사)] 이사하다

[舟輿(주여)] 배 주, 수레 여, 배와 수레

[乘(승)] 타다

[陳(진)] 펴다

[結繩(결승)] 노끈을 매다, 노끈을 매어 글자로 삼는 것을 결승문
　　　　　　　자라고 함

[俗(속)] 풍속

[鄰(린)] 이웃

[鷄(계)] 닭

[犬(견)] 개

[往來(왕래)] 갈 왕, 올 래, 왕래하다

Review

원시적인 소박한 삶으로 돌아갈 것을 강조하였는데 현대사회 속에서 요원한 이야기 같이 생각될 수도 있으나 한편 목숨을 중히 여기고 외출을 삼가고 거처를 편안히 하고 서로 왕래하지 않는다는 말은 현대사회에서도 일부 실천할 수 있다. 인터넷시대인 요즈음 자기 몸의 섭생을 중히 여기며 차가 있어도 밖으로 나다니지 않고 재택근무를 하면서 직접적인 왕래는 금하되 인터넷을 통한 사이버왕래를 통해 사회의 풍속을 안다면 멀리 가지 않고도 세상을 아는 것이 된다. 직접적인 왕래를 피하는 것을 통해 전염병의 감염이나 감정상의 충돌 같은 것을 방지할 수 있다. 이런 자연스런 제어기제에서 인류사회에 인터넷이 절로 발달하게 된 것인지도 모른다.

하늘과 성인의 도는 만물에게 이롭고 다투지 않는다

> 信言不美, 美言不信. 善者不辯, 辯者不善. 知者不博, 博者
> 不知. 聖人不積, 旣以爲人己餘有, 旣以與人己愈多. 天之道,
> 利而不害, 聖人之道, 爲而不爭.

제81장

미더운 말은 아름답지 않고 아름다운 말은 미덥지 않다. 선한 사람은 언변을 내세우지 않고 변론하는 자는 선하지 않다. 잘 아는 자는 박식하지 않고 박식한 자는 잘 알지 못한다. 성인은 쌓아두지 않고 남을 위하여도 자기에게 남음이 있고 남에게 주어도 자기는 더욱 많아진다. 하늘의 도는 (만물에게) 이롭고 해가 되지 않으며 성인의 도는 무엇을 하여도 다투지 않는다.

해제

이 장은 사족과 같이 첨부하였다. 노자의 기본사상에 따라 미사여구는 믿음직스런 말이 아니라고 보았고 지식이 풍부한 것이 오히려 잘 알지 못하는 것이라고 보았다. 성인은 잘 베푸는데 성인의 덕이 있기에 많이 베풀어도 자기에게 더욱 많아진다고 보았다. 이것은 제한된 현실세계에서 의식주의 결핍에 시달리지 않는 천국이나 극락세계 같은 세상을 말한 듯하다. 무위자연의 하늘의 도는 만물을 길러주고 이롭게 하며 성인의 도에 따르면 다툴 일이 없다는 것이다.

한자풀이

[信(신)] 믿다

[辯(변)] 말, 잘하다

[博(박)] 넓다

[積(적)] 쌓다

[旣(기)] 이미

[爲(위)] 위하다

[己(기)] 몸, 자신

[愈(유)] 더욱 유

Review

무위의 다스림, 무언의 가르침을 근본 주장으로 삼는 노자에게 사실 말이란 불필요한 수사이다. 그러나 그 심층적 이해를 위해 지금까지 각 장을 일일이 음미해보았다. 현실세계 속에서 전략적으로 이용할 만한 좋은 구체적 행동요령들이 많이 있음을 알 수 있다. 성인은 남에게 끊임없이 베풀어도 자기에게 남음이 있다는 말은 현실계에서 이해할 수 없는 말처럼 들린다. 따라서 이런 부분은 노자사상

이 계산을 초월한 종교적 성격도 일부 띠고 있는 것이라고 이해해야
겠다. 말하자면 예수의 '二魚五餠(이어오병)'과 같은 계산이 적용되
는 것이다. 결론적으로 종교적 자세로서 적은 것에 만족할 줄 아는
것, 자연의 도를 아는 것, 남과 다투지 않는 것을 노자로부터 배워야
할 것이다.

찾아보기

최금옥

서울대학교 중어중문학과 학사(영문학 부전공)
서울대학교 중어중문학과 석사(漢代 樂府詩의 句法 연구)
서울대학교 중어중문학과 박사(陳師道詩 연구)
동해대학(현 한중대학교) 전임강사 및 이화여대, 성심여대, 강릉대, 청운대, 성결대, 방송통신대학교 시간강사 역임
현) 서울대, 한양대학교(ERICA) 시간강사

「陳師道 送別詩의 서정성과 정련미」
『진사도 시선』(편역)
『리얼 상하이 쉬운 만다린』
『클래시컬 차이니즈 중국소설 20』(편역)
『고금한어의 어법차이』(편역)
『양송시(兩宋詩) 여행』(역해)
『중국시와 시인-송대편』(공저)
『Winter, 노란꽃 초록나무에 달빛처럼 비가 내린다-광둥광시 여행기』
『요리사와 天下之士』(공저)
외 다수

오늘의 삶에 살아 숨 쉬는 고전
성인의 필수 지침서 노자

초판인쇄 | 2012년 9월 21일
초판발행 | 2012년 9월 21일

역 해 자 | 최금옥
펴 낸 이 | 채종준
펴 낸 곳 | 한국학술정보㈜
주 소 | 경기도 파주시 문발동 파주출판문화정보산업단지 513-5
전 화 | 031) 908-3181(대표)
팩 스 | 031) 908-3189
홈페이지 | http://ebook.kstudy.com
E-mail | 출판사업부 publish@kstudy.com
등 록 | 제일산-115호(2000. 6. 19)

ISBN 978-89-268-3749-8 03150 (Paper Book)
978-89-268-3750-4 05150 (e-Book)

이담 Books 는 한국학술정보(주)의 지식실용서 브랜드입니다.